「赤旗」校~~正~~閲部は、真実をどう伝えるか

河邑哲也 著

新日本出版社

まえがき

2015年に雑誌「月刊学習」の連載「言葉の現場から」をまとめて、『「赤旗」は、言葉をどう練り上げているか』（新日本出版社）という書籍を出しました。思いのほか多くの方に読まれ、続編は出ないのかという声もたくさんいただきました。「毎日新聞」校閲部のブログでは「ほとんどが私たちの普段の作業で問題になる言葉と驚くほど一致」と書くように、まさに言葉の本でした。

ところが大手書店では、日本語コーナーではなく政治コーナーに置かれました。書名の「赤旗」に引きずられたのでしょうか。思い込みは、私たち新聞づくりでももっとも気を付けなければならないことです。

日本の新聞社に「校閲部」が誕生したのは、今から90年以上前、「赤旗」が創刊された1928年のことです。当時は天皇絶対の時代でした。大阪の朝日新聞社が天皇の次女久宮《ひさのみや》の訃報（3月9日付）で、版替えのため紙面の組み替えをしたとき、「久宮様並に皇后宮薨去《こうきょ》」と皇后も死去した紙面になり、そのまま配達されてしまいました。約40万部を刷り直して誤植紙を回収するとともに、急きょ東京の宮内省に行って謝罪したものの右翼はおさまらず、「逆賊、逆賊」と叫んで編集局内に乱入、不買運動も展開して大騒動となりました。これに懲《こ》りた新聞社は、当時は整理部（個々の記事を紙面にレイアウトしていく部署）のなかの1部門だった校正係を独立させて「校閲部」が誕生したのです。校閲部はミスから生まれた部署だったのです（朝日新聞社史、日本新聞通史から）。

「赤旗」は戦前非合法活動を強いられ、印刷、配達も命がけでした。当時はガリ版（謄《とう》写版《しゃばん》）で手書きです。その縮刷版を見て驚いたことがあります。紙面の内1ページ全面が「正誤表」、今でいう「訂正」で埋まっていました。ミスの数は4号分47カ所にも及びます。読んでみると「官犬は官憲」「党然は当然」の誤りなど、手書きにもかかわらず〝変換ミス〟もありました。昔からミスに悩まされる姿が目に浮かびます。そして間違えた時の真摯な態度にも学ばされます。コンピューター化された今も悪戦苦闘の毎日です。

この本で、新聞をより楽しく読んでいただけるようになったら幸いです。

※本書は、「しんぶん赤旗」（以下、「赤旗」）で連載されている「校閲の目」（17年3月～19年10月）と、雑誌「月刊学習」で連載されていた「言葉の現場から」（15年7月号～19年1月号）に、適宜加筆修正を加えてまとめたものです。「校閲の目」をまとめた第1部には、記事の掲載日を記しています。

目次

第1部

政治と報道のはざまで

■忖度と安倍首相

森友学園をめぐり「忖度《そんたく》」がキーワードになりました。

「忖」は心を表す「りっしんべん」と、脈をはかる形を表す「寸」からなります。「度」も「はかる」ことで「他人の気持ちをおしはかる」意味になります。「上位者の気持ちを特に論拠もなくあれこれ想像する感じが強い」（中村明著『日本語　語感の辞典』より、2010年、岩波書店）とされます。

しかし役人は「想像」だけにとどまりませんでした。実際、国有地の格安払い下げが行われているのです。手心を加える意味の「斟酌《しんしゃく》」と似た使われ方になっています。

「忖度」を「赤旗」（07〜16年）のデータベースで調べると98件ありました。平均で年12件ですが、17年は3月までで15件にもなります。

10年前のNHK番組改変の裁判の記事で、安倍晋三官房副長官（当時）の意図を忖度して放送内容を変更した、との判決から頻繁に登場します。その後は〝安倍首相肝いりの会長を忖度して政権批判をしないNHK〟、〝総務大臣の電波停止発言を忖度して自己規制するテレビ局〟などのように、多くは安倍首相絡みで使われてきました。

日本国語大辞典（０１～０２年、小学館）によると、菅原道真《すがわらのみちざね》も使っていた「忖度」。小学校建設をめぐるこの事態を、学問の神様はどんな気持ちでみているのでしょう。

（２０１７・４・11）

■朕惟ふに……

森友学園問題で話題となったキーワードに「教育勅語」もありました。園児たちが唱和する異様な映像にショックを受けました。その冒頭、「朕惟《ちんおも》ふに……」の「朕」とはなんのことでしょうか？　もともとは秦の始皇帝が「天子の自称」と定めて使ったもので、日本では天皇しか使わない言葉です。

この「朕」という漢字は、驚くことに常用漢字表に入っています。常用漢字の前身の当用漢字が制定された１９４６年からありました。戦前の天皇ならいざ知らず、戦後は天皇自身も「朕」とは言わなくなりました。誰一人使わない漢字が常用漢字表に入っているのだから不思議です。

この漢字が採用されたのは、日本国憲法に使われている漢字だからといわれています。当用漢字制定（４６年11月16日告示）の直前に憲法が公布（11月３日）されました。新憲法は誰でも読めなければならないとして、そこで使われている「嚇《カク》、濫《ラン》、遵《ジュン》、虞《おそれ》」など難しい漢字が当用漢字に入ったのです。「朕」や「璽《ジ》」は、憲法前文の前にある「上諭《じょうゆ》」（天皇が公布を許可する文）の中にあります。

常用漢字ではありますが、さすがに新聞では「使わない漢字」としています。「赤旗」でもめったに見ません。

天皇の退位と即位が議論され、その呼称も問題になっている昨今です。そろそろ常用漢字から削除してもよさそうですが、またぞろお役人は「忖度」してしまうのでしょうか。

（2017・5・5）

■「総理のご意向」「そもそも」

森友問題での「忖度」に続いて、今度は「ご意向」が話題です。単なる意向なら無視することもできますが、「総理のご意向」となると簡単には逆らえません。何しろ「官邸の最高レベルが言っている」というのですから。

憲法第15条には「公務員」は「全体の奉仕者であって、一部の奉仕者ではない」と規定されています。「総理のご意向」で一部の奉仕者にさせられているとしたら、許せません。

もう一つ話題になった言葉に「そもそも」がありました。安倍晋三首相が、共謀罪が適用されるのは「そもそも罪を犯すことを目的としている集団」と発言。首相がこの「そもそも」を「基本的に」という意味で使い、その意味が含まれることを「辞書を念のために調べた」と言ったため、「どの辞書か」という質問に答えるものとして、次のような閣議決定がされたのです。

その閣議決定では国語辞書の大辞林第3版（2006年、三省堂）に「（物事の）最初。起こり。どだい」の記載があり、「どだい」の項には「基本」があるとしています。つまり、「そもそも」＝「どだい」＝「基本的に」の三段論法で、「そもそも」に「基本的に」という意味があるとしたのです。

しかしどの国語辞書にも、「そもそも」の項に「基本的に」の記述はありません。再質問に対して、そもそも〝首相は辞書を調べていなかった〟と閣議決定しました。

動かぬ事実にたいして「ご指摘は全く当たらない」の常套句《じょうとうく》では切り返せなかったのでしょう。

ところで「そもそも」を漢字では「抑々」と書きます。音読みすれば「ヨクヨク」で「慎み深いさま」を表します。そもそも安倍首相とは無縁の言葉のようです。

■盛り土

「盛り土がなかった」――2016年、日本共産党東京都議団が豊洲市場の地下空間を発見し、流行語になった「盛り土」。今ではほとんどの方が「もりど」と読むでしょう。

当初、私は「もりつち」だと思っていました。国語辞書でも見出し語はほとんどが「もりつち」です。ところが、テレビでは「もりど」と言っていました。

NHKの『ことばのハンドブック第2版』(05年、日本放送出版協会)によると、「ニュースや一般番組では、〈モリツチ〉と言う」としていますが、「土木関係などの専門番組では、〈モリド〉と言ってもよい」と解説。専門用語が一般化したようです。なお公文書では「盛土」と送り仮名は入りませんが、「セイド」とは読みません。

ところで「盛る」という言葉は、これまでは「ご飯を盛る」とか「毒を盛る」のように使いました。それが最近では、大げさなさまを表す意味で「彼は話を盛っている」、髪をボリュームたっぷりに見せることを「髪を盛る」などと使います。これらは三省堂国語辞典第7版(14年、以下三省堂)から俗語として採用されました。

(2017・6・10)

さらに、スマホの普及により、写真画像を加工してきれいに見せることも「写真を盛る」のように使われています。

安倍政権を追及する共産党には話を盛る必要はありませんが、選挙では野党共闘で議席を大盛りにしたい。


（２０１７・７・12）

■耳順

「耳順《じじゅん》」は60歳の異称です。「論語」に由来する言葉です。

62歳の安倍晋三首相が先日、ある対談で「『六十にして耳順《したが》う』と言う。私はあまり人の話を聞かないイメージがあるけど、結構人の話を聞くんです」と語りました。

そもそも「耳順」とは「何を聞いても素直に受け入れるようになる」ことです。野党の質問に「印象操作だ」と言ったり、逆にヤジを飛ばしたり、揚げ句には街頭演説で「こんな人たち」と指をさすなどの姿は「耳順」とは無縁です。

国民の声に耳を傾けない言葉に「粛々《しゅくしゅく》」も。沖縄・辺野古新基地建設を「粛々と進める」との発言に対して、沖縄県知事が「上から目線」と批判しました。

多くの辞書では「粛々」は「ひっそりとした」「おごそかな」という意味ですが、「何が起こっても、予定どおり着実におこなう」と書く辞書も。問答無用の安倍政権そのものです。

「信なくば立たず」も安倍首相の好きな言葉です。これも論語の一節で、国民の信頼がなければ政治は立ち行かないという意味です。

選挙では「アベノミクス」を訴え、選挙が終わると「戦争法」や「共謀罪」などを強行してきました。「信なくば立たず」というのなら、すみやかに衆院を解散して、国民に信を問うべきではないでしょうか。

（2017・8・9）

■あきらめない

「あきらめない」——安倍政権が強行する辺野古新基地建設への沖縄県民の回答です。新聞では「あきらめない」を平仮名書きにしていましたが、2010年の常用漢字改定で「諦」と漢字で書けるようになりました。

この「諦」を使った言葉に「諦観《ていかん》」があります。辞書には「入念に見ること」「明らかに真理を観察すること」とあり、最後に「あきらめること」という意味がでてきます。

また「要諦《ようてい》」という言葉には「あきらめる」という意味はありません。「民主主義の要諦」のように使われ、「大切なところ」という意味です。

「諦」とは「言葉をしめくくり、つまびらかにする」ことで、仏教では真理、道理をさす言葉だといいます。それがなぜ「仕方なく断念する」意味となったのか。

奈良時代には「あきらむ」の形で、「事情を明らかにする」ことでした。江戸時代になると「道理を明らかにして見極めをつける、断念する」という意味に変化していきます。

戦前の辞書によると、明らかにする意味では「明・諦」両方の漢字が使われていましたが、「諦」に断念する意味を持たせていったのでしょう。

沖縄県民は、道理を見極めています。決して断念しません。民主主義国家というのなら、日米両政府こそ、あきらめるべきです。


（２０１７・９・７）

■しがらみ

「しがらみのない政治を」――新しい政党をつくったりするときの決まり文句です。

「しがらみ」とは、万葉集にも出てくる言葉で、「水流をせき止めるために、川の中に杭《くい》を打ち並べて、その両側から柴《しば》や竹などをからみつけたもの」です。そこから「まとわりついて身を束縛するもの」をさすようになりました。漢字では「柵《しがらみ》」と書きます。

現在では、「義理と人情のしがらみ」「地域のしがらみ」のように、人間関係で縛り付けられて自由が利かない様子や、企業との癒着関係などが目に浮かびます。多くの政治家は企業献金などでがんじがらめになっているからでしょうか。

日本共産党にはそういう「しがらみ」はありません。「しがらみ」ではなく、国民との「絆《きずな》」を大切にする政党です。

「絆」は、もともとは動物をつなぎとめておく「つな」のことで、そこから人をつなぎとめるもの、というように「しがらみ」と似た意味を持っていました。それが「人と人との大切なつながり」という意味に変化してきたのです（「絆」という言葉は、本書73ページでも解説しています）。

「しがらみ」と「絆」は裏と表のような関係ですが、政党が国民をどのようにみているかを表す言葉ともいえます。大切なのは「しがらみのない政治」ではなく「国民との絆を大切にする政治」ではないでしょうか。

（2017・10・2）

四の五の言う

「しのごの言う」を、漢字では「四の五の言う」と書きます。語源はいくつかありますが、「サイコロ」の目からというのが主流のようです。

江戸時代、賭場《とば》で偶数は丁度割り切れるから「丁《ちょう》」、奇数は半端だから「半」と言いました。「丁か半か」を迷っているときに、「つべこべ言わず、さっさとしろ」という意味で「四の五の言わず」と使われました。四は丁、五は半を表します。

当時は「四の五のなしに」とか「四でよし五でよし」なども使われ、「四の五の」をもじった「酢の蒟蒻《こんにゃく》の」というのもありました。

江戸時代に書かれた「嬉遊笑覧《きゆうしようらん》」という書物には、「一か八か、四の五のなど、数目の詞《ことば》は、大かたそれ（博徒《ばくと》の詞）と思はれる」と書かれています。方言や俗語などを集めた「俚諺集覧《りげんしゆうらん》」にも同じような記述があります。

イチかバチか（一か八か）は、「丁」「半」の漢字の上の方をとったものだとか、「一か罰か」からきているとか諸説ありますが、いずれも賭博から生まれた言葉です。

現代では安倍政権がカジノという「ばくち」に夢中です。人を不幸にするカジノで経済をよくするというでたらめな政策です。そういえば「でたらめ」の「め」もサイコロの目のことで、イチかバチかの賭博からきています。

（2017・12・6）

■いろはかるた

かつてお正月といえば、すごろく、こま回し、いろはかるたが定番でした。「かるた」はポルトガル語で、英語では「カード」、ドイツ語では病院の「カルテ」、フランスに行けば「アラカルト」の「カルト」と変わります。語源は「紙片」です。日本では歌留多、加留多、骨牌の字があてられてきました。もともと外来語ですが、新聞では、古くから使われ日本語化しているとして、「たばこ」や「かっぱ」のように平仮名で書きます。

かるたで有名なのが、「犬も歩けば棒に当たる」から始まる江戸の「犬棒かるた」です。当初の意味は「用もないのにうろうろ動き回っていると災難にあうこと」でしたが、幕末ごろから「思いがけない幸運をつかむ」という意味も持つようになりました。

2018年は戌年《いぬ》ですが、ことわざや慣用句に出てくる犬は、「犬の遠ぼえ」「犬も食わぬ」「犬に論語」「負け犬」「権力の犬」「犬死に」などさんざんな使われようです。
「猫」「猿」などの偏《へん》は「けもの偏」で、犬の字の変形です。角川新字源改訂版（1968年、角川書店）などによれば、犬が囲いを飛び出して人にかみつくことから「犯」、むやみに手におえない犬は「狂」、ほかに「狡《ずる》い」や「猜《そね》む」など、うんざりするような漢字が並びますが、それだけ人と犬との関係が深いことを表しています。

ペットの犬はかわいいし、介助犬や盲導犬、聴導犬、災害救助犬に警察犬、セラピードッグなど、社会に役立つ犬はたくさんいます。貢献の献にも犬の字が使われています。

（2018・1・9）

■広辞苑第7版

2018年、広辞苑が10年ぶりに改訂されました。安全神話、がっつり、ツイート、真《ま》逆《ぎゃく》など1万項目を追加しましたが、LGBTの説明に誤りがありました。

LGBTを「多数派とは異なる性的指向をもつ人々」と書いたのです。「性的指向」はLGBには当てはまりますが、Tのトランスジェンダーは、自分は男か女か、自己認識を表す「性自認」のことなので説明が違います。

「しまなみ海道」の説明も、道路が通っていない島を経由すると書きました。これらは新語として取り入れたのですから、確認作業がどうだったのか、気になります。

前回第6版でも、地名「芦屋《あしや》」の説明に初版（1955年）からの誤りが指摘され、修正されました。今回は岩波書店の公式サイトで謝罪し修正しています。

そういえば安倍首相も言い間違えが多い。今国会（第196回）で「改善」を「改ざん」、「軽減」を「軽視」、2017年の国会でも「訂正云々《うんぬん》」を「訂正でんでん」と読みました。16年には「行政府の長」を「私は立法府の長だ」と発言。明白な誤りなので議事録は修正されました。言い間違えは誰にでもあることですが、憲法破壊の暴走政治は野放しのままです。

広辞苑第6版のキャッチフレーズは「ことばには、意味がある。」でした。今回の第7版は「ことばは、自由だ。」ですが、辞書も新聞もことばの正確さが命です。いい意味で「広辞苑は、やばい」ことを期待しています。

（2018・2・10）

■ヘリと9条

軍用機の事故が目立ちます。2017年の秋に在沖米軍のヘリコプターが着陸炎上、年末には部品や窓が落下、18年1月は不時着が相次ぎました。2月には自衛隊のヘリも墜落しました。

米軍ヘリはCH53EやAH1Zなどでした。Hはヘリコプターの頭文字です。Cは貨物の意味で、輸送機をさします。Aはアタックで攻撃です。そのため、CHは輸送ヘリ、AHは攻撃ヘリと書きます。墜落したヘリはAH64Dで、「攻撃ヘリ」です。

一方自衛隊は自らのヘリを「戦闘ヘリ」と呼びます。「攻撃」という言葉を使えないからです。憲法の趣旨から、日本は攻撃的兵器は持てないというのが従来の解釈です。しかし安倍政権は、攻撃的兵器の戦闘機搭載「空母」や「長距離巡航ミサイル」を手に入れようとしています。

「空母」も、自衛隊では「護衛艦」と呼ばれます。広辞苑第7版によると、「護衛艦」とは「各国の駆逐艦・巡洋艦に相当」する軍艦で、自衛隊独特の呼び方です。昔は戦車も「特車」と呼んでいました。

改憲勢力は9条に自衛隊を書き込むだけ、といいますが、自民党の2012年の改憲草案では「国防軍」としていました。名前も変えたいのが本音でしょう。

憲法9条のもとでは名前は変えられません。9条は言葉にも縛りをかけています。安倍改憲は絶対にストップさせなければなりません。

（2018・2・27）

■ねつ造と改ざん

国会で話題のねつ造と改ざん。どちらも常用漢字ではないため、仮名と漢字の交ぜ書きか、「捏造《ねつぞう》」「改竄《かいざん》」と読み仮名付きの表記になります。

「捏」の音は「デツ」「ネチ」で、「捏造」はもともと「でつぞう」と読みました。「ねつぞう」は慣用読みです。

この字には土をこねるという意味があります。「捏造」は事実でないことを事実のようにつくりあげることです。「捏」を動詞化したのが「でっち上げ」です。「裁量労働制」の拡大をめぐって公表された労働時間のデータは、まさにでっち上げでした。

「竄《ザン》」は穴に鼠《ねずみ》と書きます。穴に隠れたネズミのことで、隠れる、のがれるという意味があります。漢字源初版（1988年、学習研究社）によると、他人の文章をこっそり自分の文章にもぐりこませることから書き換えるという意味を持つようになったといいます。

国会に提出された森友問題での財務省文書が改ざんされたのでは、という疑惑。言葉の成り立ちを知るとますますこそこそと書き換える姿が目に浮かぶようです。厚生労働省の地下からは、ないと言ってきた資料も出てきました。

隠れて文書をでっち上げたり、書き換えたり、隠したりするのは、そうしなければならない状況に追い込まれているからでしょう。そこには平和憲法をかじろうとする大きなネズミがいるのかもしれません。

（２０１８・３・６）

■おごる平家は……

公文書改ざんが追及されて以降の安倍政権の支持率急落をみて、「おごる平家は久しからず」ということわざを思い浮かべる人も多いのではないでしょうか。「栄華を極めて勝手な振る舞いをする人は長くその身を保つことができない」という意味です。「平家物語」の冒頭、「おごれる人も久しからず、ただ春の夜の夢のごとし」からきています。

中国の「老子」にも「おごれる者久しからず」という意味の言葉があります。そのため平家物語も「おごれる者」となっている本もあります。琵琶法師が語り広めるなかで、どちらも使われてきたのでしょう。

「おごる」の漢字には「驕」と「奢」があります。多くは「奢る平家」とせず「驕る平家」と書かれます。「驕」は、馬に、高い意味の「喬」がついてできた漢字で、「人にしたがわない、たけの高い馬」から「おごる、いばる」の意味を持ちます。

日本国語大辞典によると「おごる」は、大きいふりをする意味の「オホ（大）ゴル」を第一の語源としています。「いい気になる（驕る）」「ぜいたくをする（奢る）」のどちらにも使い、転じて「他人にごちそうする」意味になりました。

お友達に気前よく「奢って」ばかりの政権は、まさに「驕れる者久しからず」となるでしょう。

（2018・4・3）

■言語道断

改ざん、ねつ造、隠ぺい、圧力、セクハラ、暴言など、国会では異常事態が続いています。そのため「もってのほかだ」という意味の「言語道断」をよく聞きます。

もとは仏教の言葉で、「仏法の真理は奥深く、ことばでは言い表せないこと」です。道は「言う」意味ですが、岩波仏教辞典第2版（2002年、岩波書店）では、「言語の道が断《た》え、言葉で表現する方法のないこと」と説明しています。

古語辞典によると「（よい方面にも悪い方面にも）言葉で言い表せない」こととして使われてきました。しかし現代では、「とんでもない、許しがたい」という意味に限定して使われます。

これを「言語同断」と書けば間違いとされます。「同断」は「おなじことわり」の音読で、「前と同じ」「同様」という意味になります。

また仏教語で「他力本願」という言葉もあります。「他人任せ」や「丸投げ」という意味で使われることが多いのですが、本来は阿弥陀如来《あみだにょらい》の力（他力）で救済されることです。そのため新聞では「人頼み」の意味では使わないことにしています。

安倍内閣はまさに言語道断の政権です。対応も官僚らに丸投げしています。その政権を国民の過半数が不支持です。解決策に他力本願の道はなく、自ら総辞職する道しかないでしょう。

（2018・5・9）

■「誕」

２０１８年7月15日は、日本共産党創立96周年の誕生日です。２０２２年には１００周年を迎えます。世間でも「誕生日」はめでたいことで、みんなでお祝いをします。

ところが「誕」という字を漢和辞典でみると、「いつわる、あざむく、うそ」とでてきます。一体どうしてでしょうか？　漢字の成り立ちをみると、「言（ごんべん）」に「延」がついた漢字です。「ひきのばした言葉」で「むやみに大きなことを言って人をだます」ことから「うそ」という意味になります。

ではなぜ「生まれる」意味も持つようになったのでしょうか。諸説ありますが、「タン」という音の漢字「旦」などは明るいところに出てくるというイメージがあり、そこから同音の「誕」も生まれる意味を持つようになったといいます。また中国最古の詩集「詩経」の中の句から「誕生」という成語ができたとされます。いずれにしても今では「誕生」の意味でしか使われません。

そういえば第2次安倍政権は１２年12月の総選挙で誕生しました。自民党の選挙ポスターには「うそつかない。ＴＰＰ断固反対。ブレない」と書かれていました。まさにうそから誕生した政権で、その後も森友・加計問題などうそにうそを重ねています。

■「省」から見えるもの

２０１８年は豪雨災害、酷暑とこれまでとは違う夏でした。それでもお盆はめぐってきます。そんな時期、テレビでは「帰省ラッシュ始まる」と報じられます。

帰省は夏の季語で「故郷に帰り、父母の安否を問うこと」ですが、単に帰郷の意味でも使われます。「省」には目を細めて詳しく見る意味があり、実家に帰って親の様子をみることから「帰省」となります。自分のことを振り返れば「自省」「反省」です。

一方「はぶく」「節約する」という意味もあり、「省略」「省エネ」などと使われます。「省エネ」は１９７３年の石油危機から使われるようになった言葉です。機械化で労力を節約する「省力」の「力」を「エネルギー」に置き換えて使われたといわれます。現代でも、原発は再稼働せず、自然エネルギーと省エネの徹底こそ求められます。

もう一つ、話題になった「省」には「財務省」「厚労省」「防衛省」などがあります。昔、中央から派遣された役人が地方を視察することを「省」といい、そこから役所の意味にも使われるようになりました。いま中央の役人は国民ではなく、政権の方を向いてばかりで

（２０１８・７・７）

す。国政を私物化せず、憲法が生きる政治こそ必要です。猛省すべきは誰なのか、国民の多くは知っています。

（２０１８・８・10）

■勝ちきる

読者から、サッカーW杯の記事で「勝ちきる力」という見出しがあったが、「勝つ」とどう違うのか、という質問が寄せられました。

「勝ちきる」は、10年ほど前からサッカーを中心に使われてきました。しかし国語辞書にはでてきません。

「きる」は動詞の連用形について、走りきる、使いきるなど、「最後まで～する」という意味で動作の完了を表します。

「勝つ」は結果を表す動詞なので、「勝ちきる」に違和感を持つ人が多いようです。ネットでも「そんな日本語はない」「違和感を覚えた」などと書かれています。

ところが「赤旗」のデータベースで調べると、２０００年には将棋の記事で使われていました。そもそも将棋や囲碁の世界の言葉では？　と調べると、「勝ち将棋（勝ち碁）を勝ちきることは難しい」という昔から使われている格言がありました。囲碁・張栩《ちょうう》九段の『勝利は10%から積み上げる』（10年、朝日新聞出版）には「勝ちきる力」という章があります。井山裕太6冠の著書はズバリ『勝ちきる頭脳』（2017年、幻冬舎）です。

日本将棋用語事典（04年、東京堂出版）や囲碁百科事典（1983年、金園社）によれば、「勝ちきる」とは形勢が有利な状況で逆転を許さずに勝ち抜くことをいいます。スポーツの世界でも、最後まであきらめず、絶対に勝つという強い意志を表す言葉として使われているようです。

（2018・9・13）

■愛想を振りまく

日ロ領土問題の報道で、安倍晋三首相がプーチン大統領に「愛想を振りまく」という表現があったが、誤用ではないかとの声が上がりました。

新聞の用字用語集をみると、「愛想を振りまく」は慣用句としては正しくなく、「愛嬌《あいきょう》を振りまく」か「愛想がいい」としています。

「愛嬌」は、にこやかでかわいらしい様子やしぐさを表す言葉なので振りまけるが、「愛想」は、人に良い感じを与える態度なので振りまけない、と説明する本もあります。ところがいくつかの辞書には「愛想を振りまく」の用例が載っています。2005年度と15年度の「国語に関する世論調査」によると、05年度は「愛想を振りまく」を使う人が「愛嬌」を上回り、メディアでも「誤った表現が上回った」と報じられました。15年度の調査では逆転したものの、いずれも4割台と多くの人が使っています。毎日新聞の用語集も誤用ではないと変更しました。

明鏡国語辞典第2版（10年、大修館書店、以下明鏡）では、「愛想を振りまく」は「無理をして、こびてなどといった人為的な趣が感じられる」言葉としています。まさに安倍首相がプーチン大統領を「ウラジミール」と呼んでこびへつらう態度に、ぴったりの言い回しではないでしょうか。

（2018・10・11）

■地面師

最近ニュースで「地面師」という言葉を見ました。他人の土地の所有者に成りすまして不動産詐欺をする輩《やから》のことです。バブル時代に暗躍したというので広辞苑で調べると、すでに１９６９年の第2版から載っていました。２０２０年の東京五輪・パラリンピック開催が決まり、不動産価格が上昇、地面師が再び動き始めたといいます。

日本国語大辞典によると、明治時代の新聞から「地面師」が登場しています。詐欺師も同じ頃に登場しますが、なぜ「師」なのでしょうか。

「師」は「人々を集めた大きな集団」のことで、転じて「集団を導く者」「一芸に達した者」となり、人を尊んで使う言葉です。教師や医師などのように、その道の専門家であることを表します。

もともとは動詞「する」の連用形「し」に「師」の漢字が当てられたといいます。詐欺師は古くは「いかさま師」と呼ばれました。「いかさまをする人」のことで、同様にペテン師や地面師にも師が使われたのでしょう。

いかさまと言えば、沖縄防衛局が私人に成りすまして制度を悪用したり、障害者雇用の数字を水増ししたりなどウソとごまかしの安倍政権です。いかさま賭博をする人を隠語で「ゴト師」といいます。賭博のカジノをすすめている政権をみると「ゴト師内閣」と呼びたくなります。

（2018・11・15）

■師走、年の瀬

12月といえば師走です。よく教師が走るくらい忙しいから「師走」と言われます。たしかに教師は忙しいのですが、年がら年中忙しいため、12月限定とはなりません。

この「師」は「法師（お坊さん）」という説があります。12月に法師を呼びお経を上げてもらう風習があったことから、「法師が東西を馳《は》せる月」を略した「師馳せ」「シハセ」が「シワス」となったという語源説が平安時代からありました。

ほかにも四季の果てる月から「シハツ」、年果《としは》つるの「ト」が脱落して「シハツ」となり「シハス」から「シワス」になったなど、日本国語大辞典には九つの説を列記していて定まってはいません。

一方、年末は「年の瀬」と言われます。瀬は急流の意味で、暮れのあわただしさをたとえた言い方です。新明解国語辞典第7版（2012年、三省堂、以下新明解）では越せるかどうかが問題の「清算期としての年末」だとしています。江戸時代は、代金後払いの「掛け売り」が行われ、盆と暮れにまとめて払ったからです。年末は昔から大変だったようで、

「年の急ぎ」「年の坂」「年の峠」などとも呼ばれました。

代金後払いといえば、米国製高額兵器を買う「後年度負担」が大問題です。19年度の軍事費予算案は5兆3000億円を超え、軍事費1年分に匹敵します。こんな年の瀬はごめんです。

（2018・12・5）

■日魯と日露

2018年来、日ロ間で領土問題が焦点です。ロシアとの最初の条約は、1855年の「日魯通好条約」です。ところが教科書では「日露和親条約」と書かれます。「魯」と「露」の関係は？　日本史大事典第6巻（1994年、平凡社）によると、江戸時代から明治初期は魯西亜、明治中期以降は露西亜と書かれます。

当初はオロシヤと呼ばれ「俄羅斯」などと書かれましたが、次第に「魯西亜」になり、「日魯通好条約」となりました。

この条約では「樺太《からふと》」の帰属が決まらず、1875年の「樺太・千島《ちしま》交換条約」で、「樺太はロシア」「千島は日本」に。条約文は「魯西亜」でしたが、批准書から「露西亜」

と変わりました。

なぜ変更したのでしょうか。「魯」は「魯鈍《ろどん》」の魯で、おろかものという意味があるため、ロシアから変更を要請されたといわれます。「早稲田日本語研究」25号（早稲田大学日本語学会編、2016年）のシャルコ・アンナ論文によると、外務省記録の「各国国名及地名称呼関係雑件」に、1874年7月ごろロシアから要請があり変更したとの記載がありました。安倍政権が記録を隠し、でっちあげるのとは大違いです。このように民主主義の根幹を支える国民共有の知的資源を後世に残すことは大切なことです。

なお「赤旗」は、日露戦争以降の帝政ロシアは「日露」、今のロシアは原則「日ロ」としています。


（2019・1・3）

■真逆の政治

「憲法の理念とは真逆《まぎゃく》の政治だ」など、よく使われるようになった「真逆」。2011年度の「国語に関する世論調査」（文化庁）によると、10代、20代では5～6割超が使いますが、全体では7割強が用いないとの結果でした。そのため「新聞で安易に使うことはやめてほしい」という声も寄せられました。調査から8年、いまでは新聞でも目にするようになりました。

「真逆」は04年、流行語大賞にノミネートされ、08年には三省堂第6版に初登場。他の辞書でも俗語扱いでしたが、最新の広辞苑第7版（18年）には定着した言葉として注記なく掲載されました。その後最新刊の大辞林第4版（19年）にも掲載されています。

01年に出版された日本国語大辞典には「まぎゃく」は出てきませんが、「真逆《まつさかさ》」が載っていました。「逆様《さかさま》」に「真上」「真冬」と同じ接頭語の「真」をつけた「真逆様《まつさかさま》」の略でした。

国会会議録で調べると、「真逆」は06年から使われています。急激に増えたのは、第2次安倍政権以降です。最近の5年間をみると年平均50回を超えています。まさに国民の願いとは真逆の政治が行われているからでしょう。

選挙は、強権とウソの安倍政治にサヨナラの審判を下し、民意と真逆ではない、まともな政治を取り戻すチャンスです。

（2019・2・7）

■ひもとく

最近「ひもとく」という言葉が本来とは違う意味で使われています。「ひもとく」とは「本を読む」ことです。昔の本は巻物で、閉じていたひもを解くことに由来します。

それが「歴史をひもとく（調べる）」や「宇宙の謎をひもとく（解明する）」のように使われています。これが誤用か新用法かをとりあげた『新編日本語誤用・慣用小辞典』（国広哲弥著、2010年、講談社）では、「世間には相当広まっていると考えてよい」としています。

国立国語研究所の相澤正夫教授によると、歴史書を開いて「読む」ことから「参照して調べる」「分析・解明する」という新しい用法への変化だとしています。

この用法は2000年代に入って顕著になりましたが、「赤旗」のデータベースで調べると、1996年に「宇宙と人類の関係をひもとくロマンを感じさせます」と使われていました。

三省堂第7版（2014年）には「なぞを明らかにする」意味で「真実をひもとく」が、広辞苑第7版（18年）には「隠れた事実を明らかにする」という語釈が載りました。

将来の国民が政治史をひもとくと、「最悪の自民党安倍政権は、自民党最後の政権だった」と書かれるように、選挙で「安倍政治サヨナラ」の審判を下したい。

（２０１９・３・11）

■決め打ち

囲碁や将棋の用語で、「序盤、最終盤」「局面」など一般に使われている言葉はたくさんあります。最近話題になったのが「決め打ち」です。菅義偉《すがよしひで》官房長官が、東京新聞の記者の質問について、「取材じゃないと思いますよ。決め打ちですよ」と言い放った言葉です。「決め打ち」とは囲碁の用語で、「この手しかないと決めて打つこと」（明鏡第２版）です。そこから「あらかじめ決めて行動すること」をさします。広辞苑第７版では「ねらいうち」の意、大辞林第４版は「結論や展開をあらかじめ決まったものとして進めること」とし、「決め打ちの記事」の用例を掲載しましたが、多くの国語辞書にはまだ載っていません。

国会会議録で検索すると、初出は１９９７年で最近たびたび使われるようになりました。菅氏は「正確な事実に基づかない質問」と決めつけますが、仮に不正確なところがあれば正しく答えればいいだけのことです。

後日、同記者の質問に菅氏は「あなたに答える必要はない」と言い切りました。答弁するら拒否するのはどうみても「無理筋」です。これも囲碁・将棋の用語で「道理に反する筋道。強引なやり方」（日本国語大辞典）のことです。戦後早い時期の国会会議録にも載っていました。

２００３年のイラク戦争の時、あるテレビキャスターが「アメリカがやろうという戦争、どうやら本当に『無理筋』だ」と語ったこともありました。

囲碁・将棋からくる言葉には「終盤」や「終局」もあります。「終盤」は、勝負が終わりに近づいた寄せの段階、「終局」は、囲碁では打ち終わり、将棋では指し終わることを表します。そこから物事が終わることに使うようになりました。

安倍政権はスジワルで「高飛車」な態度、民意を無視する「駄目」な政権です。選挙で「王手」といきましょう。

（２０１９・４・６）

■確信犯

「暴言で辞任したあの大臣は確信犯だ」。この場合、「悪いと分かっていながら、わざと行った」のか、「政治的確信に基づいた行動」か、どちらでしょう？

「確信犯」の本来の意味は「道徳的・宗教的または政治的確信に基づいて行われる犯罪」（広辞苑第7版）のことで、思想犯や政治犯を指しました。

ところが、多くの人は「悪いと分かっていながら、わざと行った」という意味でとらえています。２００２年度の「国語に関する世論調査」（文化庁）では、６割弱の人が本来とは違う意味で理解していました。１５年度には7割に広がりました。

この使い方を、岩波国語辞典第7版（２０１１年、岩波書店）は「全くの誤用」としていますが、大辞泉第2版（２０１２年、小学館）は「もともと誤用とされていたが」多く使われている、大辞林第４版は「ある行為が問題を引き起こすことをあらかじめわかっていながら、そのようにする人」と辞書の記述も変わっています。

大震災が「東北でよかった」、原発事故の被災自治体に「最後は金目でしょ」、憲法改正は「ナチスの手口に学んだらどうか」や「セクハラ罪という罪はない」、「復興より議員が大事」などの暴言は、普段から思っていた政治信条が口から出た、まさに「確信犯」です。うそとごまかしの安倍晋三首相が居座る限り、暴言は後を絶たないでしょう。

（２０１９・４・27）

■虚心坦懐

5月の日米首脳会談で、安倍晋三首相が北朝鮮の金正恩《キムジョンウン》委員長と「率直に虚心坦懐《たんかい》に話したい」と述べました。「虚心坦懐」とは、何のわだかまりもなく、さっぱりとした気持ちで物事に臨むようすを表す言葉です。

「虚」には「からっぽ」の意味があり「虚心」は「からっぽな心」だから、「先入観をもたないでさっぱりした素直な心。わだかまりのない心」という意味になります。

「坦」は「平ら」の意で、「坦懐」は「心中が平ら」なので「心が穏やかで胸にわだかまりのないさま」という意味になります。似た意味の言葉を重ねて強調しているのです。

日本国語大辞典や大辞林第4版などの辞書をみると、「虚心」にはもう一つ「いつわりの心」という意味もあります。1603～04年に編まれた日本語をポルトガル語に訳した『日葡《にっぽ》辞書』のなかで、虚心は「イツワタココロ」と記しています。もちろん虚心坦懐には「いつわりの心」という意味はありません。

本当に「虚心坦懐」に話すというのなら、これまで「対話のための対話は意味がない」といって圧力一辺倒に固執していた自らの路線について、なぜ変更したのかを国民に対し

「虚心坦懐」に説明するのが先でしょう。

（２０１９・６・17）

■政治は国民のもの

「政治は国民のもの」。自由民主党の立党宣言（１９５５年）の書き出しです。選挙になればポスターにも書かれ、２０１９年の参院選挙でも使っています。

ところが自民党は、都合の悪いことが国民に知られそうになると、隠ぺい、改ざん、廃棄などで対応します。最近では、〝公的年金だけでは老後の資金が２０００万円足りない〟とした金融庁の報告書はなかったこととし、「１００年安心」といいながら減り続ける年金に手を打たないなど、まるで「政治は自民のもの」のようです。

自由民主党の「民」という漢字は民主主義や国民主権などにも使われますが、その成り立ちには、ちょっとびっくりします。一説によると、「目」を針で刺して見えなくした人を表し、物の道理が見えない教養のない一般大衆を暗示した文字だといいます。国民に事実を見せないようにする自民党の姿が重なります。

また「民主」はもともと「民ノ主」で君主の意味でした。日本国語大辞典によると、明治に入り「デモクラシー」の訳語として使われるようになりましたが、当初は正反対の意味での使用にとまどいがあり、定着するのに時間がかかったといわれます。

「政治は国民のもの」。この言葉を日本の政治に定着させるには、参院選挙で市民と野党の共闘勝利、日本共産党の躍進が必要です。一票の力を見せる時です。

（2019・7・17）

■やってる感

最近よく耳にする「やってる感」という言葉があります。「赤旗」でも、NHKのニュース報道が安倍晋三首相の「やってる感」演出に手を貸していると書きました。
○○感というのは非常に便利な言葉で、接尾語的について「満足感、解放感、達成感、重量感」など「〜している、〜がある」感じを表します。それが「最近は、いろいろな単語や句について名詞をつくる」（三省堂第7版）ようになり、「キャベツのパリッと感」「もちもち感」から「スケジュール感」「終わった感」などさまざまな表現で使われています。
安倍首相の「やってる感」は、実は首相自身が言って広まったといいます。2016年に出された『政治が危ない』（御厨《みくりや》貴《たかし》・芹川《せりかわ》洋一共著、日本経済新聞出版）の中で、御厨氏が安倍首相にインタビューした内容として、「安倍さんは『何かをやっている感じが大事だ』と。」「『やった感』じゃないよ、『やってる感』だよ」「『アベノミクスっていうのは『やってる感』なんだから、成功とか不成功とかは関係ない』」と首相自身が述べたと紹介しています。

「政治は結果だ」「決められない政治ではだめだ」と言って、ロシアとの領土問題やイラン訪問、G20大阪サミット、日米首脳会談など外交で「やってる感」満載でしたが、結果はトランプ大統領のいいなりで「やられた感」満載になるのはごめんです。

（2019・8・19）

■ベタ折れ

8月の日米貿易協定の大筋合意に対して志位和夫委員長が、「ベタ折れ」「ベタ譲歩」と批判しました。初めて聞いた言葉だったので、国語辞書を調べてみました。

「べた」とは「すきまのないこと」「一面に広がっていること」を表す言葉です。戦前から出版されてきた広辞林新訂版（1934年、三省堂）では「総」の漢字をあてていました。「べたぼれ」や「べたぼめ」のように下に言葉がつくと「すっかり、完全に」などの意でその言葉を強めます。「ベタ折れ」「ベタ譲歩」も同様の使い方です。

国会会議録で「ベタ折れ」を検索すると8件がヒットしました。古くは1970年の衆議院商工委員会（現在の経済産業委員会）で使われていました。その後は2006年まで使用例はありませんでした。最近使われだしていることがわかります。11年には読売新聞が「自民内『ベタ折れ』批判」の見出しで報じていました。

この「べた」は、新聞など印刷関係ではよく使われます。字間や行間をあけずにすきまなく活字を組むことを「べた組み」といいます。そこから1段見出しの小さな記事のことを「べた記事」と呼びます。ありきたりで面白みに欠ける意味の「ベタな話」も、「べた記事」が由来ではと書く辞書（明鏡第2版）もありました。安倍自民党の行動がべた記事扱いになる政治に変えなければと思います。


（2019・9・16）

■のびしろ

以前から使われていましたが、最近よく聞く「のびしろ」。紙面でも「わが党には相当の『のびしろ』がある」「『のびしろ』を生かし飛躍を」「『のびしろ』は全国どこでも存在」などと使ってきました。

「のびしろ」が一般新聞に登場した頃は、スポーツ関連の記事で「あの選手には『のびしろ』がある」のように使われていました。大辞泉によると「平成17年（２００５）前後からスポーツ界で使われ、多方面に広がった」としています。

もともとは鉄鋼業界で「金属などの、折り曲げたり熱したりする際に生ずる伸び。また、その長さ」（広辞苑第7版）としての業界用語だったようですが、それが「今後発展・成長してゆく可能性や見込み」（同）の意味で使われてきました。

漢字では「伸び代」と書きます。「代」には代金を表す「飲み代」のほかに、何かのために取っておく部分を意味する「のり代」「縫い代」などがあります。「のびしろ」もこれと似た使い方ですが、国語辞書に載ったのは２００５年の大辞林第3版が最初で、その後広辞苑第6版、大辞泉第2版など中型辞書から三省堂第7版、明鏡第2版、旺文社国語辞典第11版などの小型辞書にも載るようになりました。

内政・外交に行き詰まった安倍自公政権にたいして、野党連合政権に向けた共闘には大きな「のびしろ」があります。

（２０１９・10・５）

第2部 校閲部のチェックポイント

①言葉の使い分け

■校正と校閲

「校正と校閲の違いは何ですか」と聞かれることがあります。広辞苑第7版によると、校正とは「文字の誤りをくらべ正すこと」で、校閲は「しらべ見ること。文書や原稿に目を通して正誤・適否を確かめること」としています。

どちらも同じ「校」の字が使われています。「校」は「まなびや」のことですが、「くらべる」という意味もあります。それに「正」がついて、原稿と印刷物を比べ合わせて誤りを正すことになります。

一方「閲」は「しらべる」という意味です。原稿通りになっているかだけでなく、原稿自体に誤りはないかをしらべて確認していく作業です。

「赤旗」にも校閲部がありますが、昔は「校正部」でした。1976年に「校閲部」に名称を変え、ミスのない紙面のために原稿の正誤・適否も確かめる部署となったのです。一時期「審閲部」という名称にしましたが、造語のため元の「校閲部」に戻しました。

▽校正と較正

同じ「こうせい」では「較正」もあります。「較」は常用漢字では「カク」としか読まないため、「校正」または「こう正」と書き換えます。

意味は「測定器の狂い・精度を、基準量を用いて正すこと」で、「機器の校正」のように使われます。校閲記者にとっては、違和感のある表記です。

▽格差と較差

価格や賃金、生活水準などの差を「格差」といいます。「貧困と格差の拡大」「格差社会」などとよく使われます。

一方、「較差」という言葉もあります。「二つ以上の事物を比較した場合の、相互の差の程度」のことです。本来の読みは「こうさ」ですが、慣用で「かくさ」と読みます。

「最高・最低気温の較差」のように、１日の最高気温と最低気温の差を表す言葉として、気象関係で使われます。新聞などでは、なるべく「差」や「違い」に言い換えるようにしています。

■総長と学長

大学の長は「総長」か「学長」か、どちらでもいいのでしょうか。

学校教育法では「大学には学長……を置かなければならない」と定め、国公私立を問わず「学長」としています。法律上の名称は「学長」なのです。

では東京大学などでは「総長」と呼んでいるのはなぜでしょう？

これは戦前の「帝国大学令」に由来します。当時の官立大学の長を「総長」と定めたのです。

戦後は法律上「学長」になりましたが、北海道大、東北大、東大、名古屋大、京都大、大阪大、九州大の旧帝国大学は、それぞれ内規で「総長」と決めているのです。

東大の規則では「その長である総長……を置く」、京大の規程は「学長として総長を置く」、九大学則は「学長（『総長』と称する。）……を置く」としています。いずれも長は「総長」ですが、名大以外は「副総長」ではなく「副学長」と呼びます。

読売新聞や毎日新聞、通信社、NHKは原則として「学長」を使い、インタビューなど特別の場合には「総長」も使うことにしています。一方、朝日新聞は各大学の呼称に準じるとしています。「赤旗」ではニュース報道は原則「学長」にしていますが、大学の独自性も尊重して「総長」も使っています。

私立大学は、慶応義塾大学は「塾長」、早稲田大学は「総長」など固有の名称を使っています。大学や新聞によって表記が違います。

■特任教授って？

「特任教授とはなんですか」という質問が寄せられました。学校教育法では、「大学には学長、教授、准教授、助教、助手及び事務職員を置かなければならない」と決められています。２００７年の法改定で、それまであった助教授という職階が廃止されて准教授となり、あわせて助教が新設されました。

特任とは「特別任用」の略称ですが、学校教育法には特任教授という規定は見当たりません。これは大学が独自に決めているもので、東京大学や北海道大学など多くは「特任教授」としていますが、大阪府立大学は「特認教授」、京都大学は「特定教授」、神戸大学などは「特命教授」と呼びます。共通するのは、大学の意思決定には関わらず、任期が定められていることです。つまり非正規雇用なのです。

昔から客員教授や非常勤講師など非正規の教員はいましたが、1997年に大学教員任期制が導入（共産党は「大学教員解雇法」だとして反対）され、大学の判断で任期を限った採用ができるようになったのです。

▽准教授

准教授は、専攻分野について「優れた知識、能力、実績」を持ち、教授と同様に学生を教えます。かつてあった「教授の職務を助ける」助教授とは違います。日本では国際基督《きりすと》教《きょう》大学に「準教授」という職階がありましたが、法改定に伴い「准教授」「上級准教授」と変更しました。

この「准」は「準」の俗字で、意味は同じですが、「准」は地位や資格に多く使われています。

▽名誉、栄誉、卓越教授

名誉教授は「教育上・学術上顕著な功績があった者に、退職後その大学が与える称号」のことで、学校教育法に定められています。栄誉教授と卓越教授は大学が独自に決める称号です。

栄誉教授は「著しい功績等をあげた者」が対象で、東京大学では2005年に小柴昌俊氏ら4人が特別栄誉教授になりました。

卓越教授は、東大の規定によると「特に優れた業績を挙げ先導的な役割を果たしている者」で、ノーベル賞受賞者か文化勲章受章者、またはそれに準ずる者に与えられる称号です。

■被疑者と容疑者

「盗聴拡大など刑事訴訟法の記事で被疑者と出てきたが、容疑者となにが違うのですか」という質問がありました。たしかに新聞やテレビの犯罪報道では「容疑者」を使い、「被疑者」はあまり見ません。

辞書をひくと「被疑者」とは「起訴されてはいないが、犯罪の嫌疑を受けて捜査の対象となっている者」で、「容疑者」と同じ意味です。容疑者は新聞・テレビ独特の呼び方で、

「法律では『被疑者』」とあります。

1980年代半ばまで、新聞・テレビでは被疑者は呼び捨てでした。人権意識が高まり、法的には有罪判決確定までは無罪と推定されることから「○○容疑者」と報道するようになりました。

ではなぜ「容疑者」にしたのでしょうか。これは「被疑者」は「被害者」と発音が似ているので間違えやすいからだといいます。

それでは法律には「容疑者」という言葉はないのでしょうか。調べてみると、出入国管理法に「容疑者」がありました。法律用語では、犯罪捜査の対象は「被疑者」、犯罪ではない違反事件の調査対象を「容疑者」と使い分けているようです（96年、法令用語辞典第7次改訂版、学陽書房）。そのため法律の「容疑者」は決まって外国人となってしまいます。

■被告と被告人

犯罪で起訴された被疑者は「被告人」と呼び方が変わります。一方、民事事件で訴えられた人は「被告」と呼びます。法律では使い分けていますが、報道ではどちらも「被告」

とします。「被告人」は「非国民」と聞き間違えやすいためといわれます。

ただ被告人を被告と報道するため、「被告」には犯罪者のイメージがつきまとい、民事裁判の「被告」も悪い人と受け取られ混乱も起きるようです。

■刑事裁判と民事裁判

他にも刑事裁判と民事裁判では呼び方の違う言葉があります。裁判所での審理手続きを、刑事裁判では「公判」、民事裁判などでは「口頭弁論」といいます。弁護士も、刑事裁判では「弁護人」ですが、民事裁判では「代理人」と呼びます。新聞では、これらは法律どおり書き分けます。

■夜中、深夜、未明

２０１６年4月に九州地方を襲った熊本地震。新聞やテレビでは「未明の大地震」と伝えましたが、読者から「午前1時25分ごろだから、未明ではなく深夜ではないか」との声が寄せられました。

午前1時すぎは一般的には「深夜」という感覚ですが、実は「夜中」「深夜」「未明」の時間帯について明確な定義はありません。

広辞苑第7版をみると夜中は「夜のなかば。宵の後で、暁にならないころ」、深夜は「よふけ。まよなか。深更」、未明は「夜がまだすっかり明けきらない時」としています。第6版（08年）から未明に「天気予報では午前〇時から午前三時頃まで」と注釈を入れました。

NHKの「ことばのゆれ」全国調査（03年度）によると、夜中は「午後11時台～午前2時台」、深夜は「午前0時台～2時台」、未明は「午前2時台～4時台」が平均した答えでした。

多くの人が、未明は「日の出に近い時間帯」ととらえていて、報道と食い違いが生まれています。

では災害情報を出す気象庁はどうか。気象庁によると、日の出に近い時間帯（午前3時～6時）は「明け方」で、「未明」は午前0時～3時をさします。気象用語では「深夜」は使わず、午後9時～午前0時は「夜遅く」、それ以前は「夜のはじめ頃」と呼んでいます。

新聞では、未明は「午前0時～夜明け前」をさしますが、季節によって夜明けの時間は変化します。

深夜は「午後11時頃~午前0時」としています。深夜が日付をまたぐと、午後11時も翌日の午前1時も同じ深夜となり紛らわしくなります。未明と区別するため、新聞は深夜を午前0時までとしているのです。夜中は「夜中の2時頃」「早朝から夜中まで」などと使っています。

一方、労働基準法では、深夜業は「午後10時~午前5時」としており、より広い時間帯を表しています。

■料金と代金

読者から「料金と代金の違いは何ですか」という質問がきました。

国語辞書をみると、料金は「物を利用・使用したり手数を掛けたりしたことに対して支払う金銭」、代金は「買手が売手に支払う金」としています。

つまりサービスなどの利用に対しては「料金」、お金と引き換えに商品をもらうのが「代金」といえます。

一方、明鏡第2版では、代金は「物品やサービスなどの対価として払う金銭」としています。設定する立場から公共的な物にいう「料金」に対して、「代金」は払う立場から個々の物についていう傾向が強いといいます。たとえば「水道料」は設定する側の言い方、「水道代」は払う側からの言い方になります。

■予備軍と予備群

昔から使われている「○○予備軍」は、マルクスが、失業・半失業の労働者を「産業予備軍」と呼んだことから広く使われるようになりました。

もともとは「控えの軍隊。また、予備役から成る軍隊」のことですが、「現在活動している集団に対して、将来そうなる可能性のある人々」として「サラリーマン予備軍」のように意味が広がってきました。

最近では「糖尿病予備軍」「メタボ予備軍」などがよく使われますが、医療関係では「予備軍」とすることに違和感があるという声もあります。

そのためか厚生労働省では、最近は「予備群」を使っています。国語辞書には「予備群とも」と注釈が入るものもありますが、一般的には「予備軍」です。ところが大辞泉第2版では見出し語に、「予備軍」「予備群」の両方を載せ、「ある状態、ある病気になる可能性のある人々」を「予備群」として使い分けるなど変化が表れています。

「予備群」は、国語辞書の大部分が採用しておらず、意味的にもこなれていないため、新聞では「予備軍」にしています。しかし今後は、病気などの場合は「予備群」が主流になっていくのではないでしょうか。

■殉死と殉職

１９９３年にカンボジアへ送られた文民警察官が亡くなったことを「ＰＫＯ初の殉死者」と書いたところ、「殉死」ではなくて「殉職」ではないかとの指摘がありました。

国語辞書では「殉死」は「主君が死んだとき、あとを追って臣下が自殺すること」とあります。「殉職」は「職務のために死ぬこと」で、「殉死」とは全く別の意味でした。

「殉」には「したがう」「死者にしたがって死ぬ」意味があります。「殉死」の「死」は「主君の死」なのです。

このように「殉○」は「○にしたがって命を捨てる」ことで、「殉教」は、信仰する宗教のために命を犠牲にすること、「殉国」は、国難のために命を捨てることになります。

戦争法が施行され、自衛隊員が「殺し、殺される」危険が現実に近づいています。絶対に戦死者を出してはなりません。戦争法は廃止すべきです。

■出兵と出征

出兵と出征も間違いやすい言葉です。「出兵」は「シベリア出兵」という言葉もあるように、海外に軍隊を送り出すことで、派兵と同じ意味です。「出征」は軍隊の一員として戦地に行くことです。

「戦時中、兄は中国に出兵しました」というのは、普通、「中国に出征しました」となりますが、「中国へ派兵されました」などとも書けます。

■浸水と冠水

水害のニュースでたびたび聞く言葉に、「浸水」と「冠水」がありますが、意味の違いはなんでしょうか。

浸水は「水が入りこむこと。水にひたること。また、その水」のことですが、冠水は「洪水などのために田畑や作物などが水をかぶること」と辞書には書かれています。

国土交通省や気象庁では、住宅などが水につかることを「浸水」といい、田畑や道路などが水につかることは「冠水」と使い分けています。

■鎮火と鎮圧

２０１６〜１７年の冬は、新潟・糸魚川《いといがわ》大火や埼玉・大型物流倉庫火災など火事のニュースが目立ちました。その報道のなかで、火災が「鎮圧した」という表現がありましたが「鎮火」ではないかという声がでました。

国語辞書を見ると、「鎮圧」とは、「力をもっておさえつけしずめること」で、暴動や反乱などを威圧・鎮静することです。「火災を鎮圧する」の用例は見当たりません。

「鎮火」は「火事を消し止めること」で「無事鎮火する」などと使います。

日常の使い方と違うのは「消防用語」だからです。消防では「鎮圧」は、消火活動により火災の勢いを弱くし、延焼の危険がなくなった状態を指します。

一方「鎮火」は火が完全に消え、消火活動が必要なくなった状態を指します。時間的には「鎮圧」した後に「鎮火」となります。

■重傷と軽傷

交通事故のニュースでよく耳にする「重傷」や「軽傷」。国語辞書では重傷は「重い傷、大けが」、軽傷は「軽いけが」のように大まかにしか書かれていません。

ではニュースは何をもって「重傷」「軽傷」を区別しているのでしょうか。NHKによると、30日以上の治療が必要な場合は「重傷」、それ未満は「軽傷」としています。ですから全治2週間は「重傷」ではなく「軽傷」と書くのです。

よく間違える同音異字に「重症」がありますが、これは病気などの症状が重いことを指します。

■心肺停止と死亡

山の遭難事故などの報道で「心肺停止」という言葉もよく聞きます。「死亡」と何が違うのでしょうか。

日本では「心停止」「呼吸停止」のほかに、「脈拍停止」「瞳孔散大」を医者が確認、宣言して「死亡」となります。警察官や救助要員などでは死亡の宣言はできません。そのため第一報などは現場の確認として「心肺停止」という言葉を使っています。

■壮絶と凄絶

「壮絶　地上戦」という「しんぶん赤旗」の見出しについて、91歳の読者から「壮絶の壮は、意気盛んなこと、勇ましいことを指す言葉で、戦争関連用語に使うのは不適切ではないか」との声が寄せられました。

テレビなどを観ていると、よく「壮絶な人生」のタイトルで悲惨さを強調する言葉として使われているため、違和感を持ちませんでした。

ところが辞書を引いてみると、「壮絶」とは「はなはだ勇壮なこと」「非常に勇ましく激しいこと」「きわめて勇ましいこと」など、悲惨さを表すのでなく、勇ましさを表す言葉だったのです。戦前は大いに使われ、戦後も右翼勢力が使う言葉です。

「無残で悲惨」な戦争は、決して勇壮なものではありませんでした。

ところで「壮絶」に似た言葉で「凄絶《せいぜつ》」があります。すさまじいという意味ですが、新聞の用語集では「凄絶」は使わず「壮絶」に書き換えるようになっています。この書き換えは、内容によってはふさわしくないものだと言えます。

■探偵と推理

謎解きに重点を置く小説を「推理小説」や「探偵小説」と呼びますが、違いはあるのでしょうか。

日本国語大辞典によると、明治20年代以降は、文学のジャンルとして「探偵小説」と呼ぶのが主流だったようです。ところが戦後、当用漢字表に「偵」の字が入らなかったため、「推理小説」が広く使われるようになったといいます。

その後、常用漢字（1981年）に「偵」が採用されたため、再び「探偵小説」も使われるようになりました。

一方、「ミステリー小説」を「ミステリ小説」と、長音符号がつかない表記が広がっています。JIS（日本工業規格）のカタカナ表記では3音以上の場合、語尾の長音は省略するという原則があります。たとえば「コンピューター」は「コンピュータ」と書きます。それにならっているのではないでしょうか。ただ新聞では原則、長音符号はつけることになっています。

■目に関する言葉

▽目配りと目配せ

よく似た言葉に「目配り」と「目配せ」があります。先日もあるニュースで「社会に対する目配せが必要だ」という表現がありました。この場合は「目配り」が妥当でしょう。「目配り」とは「よく注意して、必要なところに落ちなく目を行きとどかせること」で、目は視線のことをさします。視線をいろいろなところに向けることから「目を配る」「目配り」となります。

一方「目配せ」は「目つきで知らせること」です。もとは「めくわす」からきています。漢字では「眴《めくばせ》」と書きます。日本国語大辞典によると「くわす」は「食わす」で「合わせる」の意味があります。「目くわせ」が「目くばせ」に転じたといいます。

語源が「配る」と関係ないため、ＮＨＫでは「目くばせ」と表記していますが、新聞では「目配せ」を採用しています。

▽目くじら

目をつりあげて人のあら探しをすることを「目くじらを立てる」といいます。「目くじら」とは「目じり」のことです。鯨とは関係がありません。

同じ「目じり」でも「目じりを上げる」は、キッと目を見張る意味ですが、「目じりを下げる」は、すっかり満足したような顔や、女性にみとれるなどして、だらしのない顔つきになることを表します。

▽目からうろこ

今までわからなかったことが突然、ああそうだったのかと合点がいくことを「目からうろこが落ちる」、略して「目からうろこ」といいます。

この言葉は新約聖書に由来します。キリストの引き起こす奇跡で、目の見えない人が見えるようになったときに、「目よりうろこのごときもの落ちて見ることを得」と書かれていることから生まれた言葉です。本来は、誤りを悟り、迷いから覚める意味でしたが、現代では、「びっくり」といった使われ方になっています。

■超電導と超伝導

新聞ではリニア新幹線のシステムを「超電導」と書きますが、教科書では「超伝導」です。違いはあるのでしょうか。

もとは英語の「スーパーコンダクティビティー（superconductivity）」です。スーパーは超、コンダクティビティーは伝導のことで、「超伝導」と訳されました。

多くの国語辞書は「超伝導・超電導」と両方を見出し語に掲げています。いくつかの辞書には、物理学では「超伝導」、工学系では「超電導」を使うことが多いと書いています。

そもそも「伝導」には「熱伝導」と「電気伝導」があります。リニア新幹線は電気伝導の抵抗がゼロになる現象を利用するので、「超電導」が使われています。

一方、文部科学省の学術用語集は「超伝導」の字を使っています。そのため教科書は「超伝導」となり、食い違いが起きています。

■侵食と浸食

新聞の用字用語では、境界や領土は「侵食」、水が関係する場合には、河川の「浸食」や浸食作用と使い分けることになっています。

戦前の表記は「侵蝕」でした。「蝕」の字が常用漢字にはないため、戦後は「食」の字をあてて「侵食」と書くようになりました。

教科書では「浸食」は使わず「侵食」を用いています。これは学術用語が「侵食」としているためです。風や化学的変化など、水以外による作用で岩などが削られる場合もあるため、より広い意味で「侵食」が使われているようです。

■遊水地と遊水池

洪水時に河川から水を一時的にためて調節をおこなう場所は「遊水地」か「遊水池」か、どちらでしょう。

河川法では「遊水地」を使っていますが、新聞では池や沼を活用すれば「遊水池」、田畑や原野なら「遊水地」としています。

1918年につくられた「渡良瀬《わたらせ》遊水地」の元来の名称は「遊水池」ですが、国土交通省などは「遊水地」としています。

■破棄と廃棄

「重要文書は用済み後、廃棄」「入邸記録は破棄」など「廃棄」や「破棄」をよく目にします。どちらも捨てることですが、「破棄」は「やぶり捨てる」ことで、「合意を破棄」のほか原判決を取り消す意味もあります。

一方「廃棄」は「不用なものとして捨てる」ことです。「廃」はすたれることで「廃屋、廃虚」など原形をとどめている場合に使われるようです。いま国会で問題の記録や文書、データなどは両方使いますが、「破棄」には意図的に捨てるイメージが強いためか「廃棄」の方が多く使われています。

辞書を見ると「廃棄」は「条約などの効力を失わせる」意味もあります。『よくわかる国際法第2版』（大森正仁編著、２０１４年、ミネルヴァ書房）には、「二国間条約の一方当事国の一方的意思により条約を終了させること」と説明しています。日米安保条約は第10条で「いずれの締約国も、他方の締約国に対しこの条約を終了させる意思を通告することができ、……1年で終了する」としています。旧安保条約にはこの条項がなかったため、「破棄」でしたが、いまは「廃棄」です。

安保条約は将来の国会で議決して廃棄の措置をとることになりますが、いまの安倍内閣は国会にも国民にも黙って公文書を廃棄してしまう異常な政権です。総辞職しないのなら国民の手で「廃棄」するしかありません。

■強行と強硬

安倍政権は「強硬姿勢」で悪法の「強行採決」を図ろうとしている——どちらも「きょうこう」ですが、「こう」の字が違います。

「強行」は「反対や障害を押し切って行う」ことです。採決を強行するから「強行採決」になります。

「強硬」は「手ごわい、強い態度」のことです。強硬な姿勢、強硬な手段として使われます。「強行な」や「強硬する」とは使われません。

■「とりたて」と「とれたて」

収穫したばかりの新鮮な野菜のことを、「とりたての野菜」か「とれたての野菜」か、どちらを使いますか。

「とりたて」には、「取って間がないこと」のほかに、借金のとりたてなど「強制的に取り上げること」や、役員にとりたてる「登用、抜擢《ばってき》」の意味もあります。

「とれたて」は最近の用法で、「とれたばかりであること」です。どちらも同じ意味ですが、「とりたて」には意味がいくつもあるので、野菜や魚などは「とれたて」が多く使われています。食べ物以外は「とれたて」でなく「免許とりたて」のように使います。

■劇と激

「情勢がゲキテキに変化している」の「ゲキテキ」ですが、みなさんはどう書きますか。ドラマチックに変化しているから「劇的」か、ドラスチック（過激）に変化するから「激的」か。

「劇」「激」は、どちらも同じ「はげしい」という意味があるので「激的」でもよさそうですが、「激的」という表記はありません。

一方「劇」は「演劇」「劇場」など芝居を思い浮かべるため、「劇薬、劇毒、劇症肝炎」以外は、「激戦、激変、激烈」など「激」が一般的に使われます。

「激」は程度がはなはだしいという意味を表して熟語をつくる接頭語で、1970年代に「激写」が流行して以来、さまざまな言葉が生まれました。いまでは「激安」「激辛」も辞書に載っています。漢語だけでなく「激うま」「激レア」「激似」なども目にします。

ほかにも強調を表す接頭語として、「超～」「鬼～」などがあります。最近では、外国人観光客による「爆買い」のように「爆～」も使われます。

■離着陸と離発着

新聞では「離発着」は使わず、「離着陸」か「発着」にすると教えられてきました。「離」と「発」が同じ意味のためです。米軍の欠陥機オスプレイは「垂直離着陸機」、「タッチアンドゴー」も「離着陸訓練」としています。列車や船などの出発と到着は「発着」となります。

ただ「離発着」という言葉も耳にします。最近の辞書には「空港での出発と到着」の意味で「離発着」が載るようになってきました。

広辞苑第7版も、「飛行機の出発と到着」としながらも「離着陸と発着の混交語」として新語扱いです。明鏡第2版は「標準的な言い方は『離着陸』『発着』」だとしています。

■「垂れこめる」と「立ち込める」

原稿の締め切りが近づいてくると、暗雲が漂い始めます。この場合の暗雲とは、日光をさえぎる黒い雲ではなく、暗くて心配な見通しのことです。ニュースで「両国関係には暗雲が立ち込めています」と聞きますが、本来は「暗雲が垂れこめている」といいます。

「立ち込める」とは、煙や霧などがあたり一面を覆うことです。暗雲は空から下へ広がるものなので「垂れこめる」という言葉がふさわしいといえます。

ところが、実際には「立ち込める」用例の方が多いといいます。大辞林第4版で「暗雲」の項を見ると①黒い雲の場合は「垂れこめる」②何か事件が起こりそうな、不穏な気配のときは「たちこめる」と用例を使い分けています。1988年の初版から載っていますから、80年代には使われていたことがうかがえます。

ただ毎日新聞用語集では、本来の「垂れこめる」を使うとしています。

■絆　強まるか？　深まるか？

テレビのクイズ番組で、絆は①強まる②深まるのどちらか、という問題が出されていました。番組の正解は①の強まる、でした。

絆とは、もとは動物をつなぎ止めておく「つなな」のことです（本書16ページを参照）。「つな」が深まるのはおかしく、強まるが正しいとされます。

しかし現在では人と人の結びつきのことをいうため、絆が深まるという言い方も間違いとは言いきれません。国語辞書にも用例が載るようになってきています。

質が低下した閣僚の暴言・妄言がとまりません。「歯舞《はぼまい》」を読めない北方担当相もあらわれました。

諸島・群島・列島

ところで、昔は「歯舞諸島」と使われていましたが、現在、正式には「歯舞群島」と呼びます。

もともと歯舞には「諸島」「群島」両方の呼び方がありました。現地から統一してほしいとの要請があり、2008年に国土地理院が「群島」に変更しました。そのため昔の地図は「諸島」、現在の地図は「群島」となっています。

では「諸島」と「群島」の違いは何でしょうか。日本大百科全書第2版（1994年、小学館）によると、島が広範囲に分布しているものを諸島、分布面積が比較的狭いものを群島、列状に配列しているものを列島としていますが、これらは相対的な区分けで、慣習的な呼称によっているといいます。

リンカーン？　リンカン？

昔、学校で教わった「リンカーン」。マルクスと交流のあったアメリカの第16代大統領です。文部科学省が決めた「外来語の表記」では「リンカーン」となっているので、新聞では「リンカーン」と書きます。

ところが今の高校の歴史教科書ではほぼ「リンカン」と表記しています。人名辞典や書籍でも混在しており、統一されてはいません。

もともと一般には「リンカーン」と書かれてきましたが、英語の発音では「リンカン」が原音に近いため、教科書などで採用されるようになってきました。

国語辞書は慣用の「リンカーン」が主流です。広辞苑第7版は見出し語では「リンカーン」とし、説明で「リンカン」も認めています。

ことほどさように外国人名はややこしい。明治時代の川柳で「ギョエテとは俺のことかとゲーテ言い」とうたわれたように、昔から大変だったようです。ゲーテ（Goethe）の表記は当初、「ゴエテ、ギョーテ、ギューテ、ギョート」など何種類もあったといい、ショパン（Chopin）も「チヨピン」と呼ばれたとか。リンカーンもリンカンになっていくのでしょうか。

■ローズヴェルト大統領とは？

新聞では、アメリカの第26代大統領はセオドア・ルーズベルト、第32代大統領はフランクリン・ルーズベルトと書きます。

しかし世界史の研究書などは「ローズヴェルト」が主流になっています。高校の教科書も「ローズヴェルト」です。広辞苑第7版では見出し語は「ルーズヴェルト」ですが「ローズヴェルト」も併記、大辞林第4版は「ルーズベルト（ローズベルトとも）」としています。

彼らはオランダ系移民の子孫で、オランダ語では「ローズ」と発音するそうです。新聞や義務教育（小中学）では「ヴ」の表記は基本的に使わないため「ベルト」と書きます。

すでに1985年発行の平凡社大百科事典では、現地音を尊重して「リンカン」「ローズベルト」と表記しています。現地音か、慣用が定着したとみるかが悩ましいところです。

■似た字にご用心

漢字には一見すると区別がつかない字があります。「ミは上に、オノレ、ツチノト下につき、半ば開くればスデにヤむノミ」という覚え方があります。「ミ」は「巳」、「オノレ、ツチノト」は「己」、「スデに、ヤむ、ノミ」は「巳」です。「爪にツメなく、瓜《うり》にツメあり」もあります。

「戊」「戍」「戌」も似ています。「戊」は十干《じっかん》の「つちのえ」のことで「戊辰《ぼしん》戦争」の「ボ」です。「戍」は十二支の「いぬ」、「戍」は「まもる」という意味で「ジュ」と読みます。

間違えやすいのが斉藤さんと斎藤さんです。「斉」は「斎」の略字と思っている方もいるようですが、別の漢字です。齊藤さん、齋藤さんはそれぞれの旧字体です。

ほかに「崇《たかし》さん」を「祟《たたり》さん」と間違えそうになったことも。「崇」は高い山のことで、そこから「崇拝」のように「あがめる」という意味を持ちます。

一方「祟」は「たたり」と読みます。神に追い出されるという漢字です。「たかし」と「たたり」では大違いです。

同音の間違いに「排外主義」と「拝外主義」がありました。「排外」は外国の思想を嫌って排斥することですが、「拝外」は外国を崇拝することで正反対の言葉になってしまいます。

カタカナ表記と同じくらい、漢字も難しい。一点一画を確認しなければ、とんでもないことになりかねません。これからも校閲の目をみがいていきたい。

■「〜をきに」

よく聞く言葉でも、どの漢字を使うのか迷うことがあります。たとえば「卒業をきに」「就職をきに」の「き」です。この場合、「機」か「期」か、どちらを使いますか？ 「正午を期して決起する」「再会を期する」などの言葉があるため、「卒業を期に」と書きやすいですが、正しくは「卒業を機に」です。

この「機」は、「機会、きっかけ」の意味です。「卒業をきして」なら前もって期限を決めることなので「期」となります。

■「けんいんしゃ」

集団の先頭に立って行動する人のことを「けんいんしゃ」といいますが、漢字で書くと「牽引車」です。

人間を指す言葉なのに「車」では違和感があるとして「牽引者」と書く人もいますが、もともと比喩なので「牽引車」でよいでしょう。国語辞書の明鏡第2版には、「近年、『牽引者』と書くこともあるが、慣用になじまない」と注釈をつけています。

■「じゃまもの」

広辞苑第４版（１９９１年）から「邪魔者・邪魔物」が採用されました。それまでは「邪魔」の用例には「邪魔者」しかありませんでした。

２００４年の「文芸春秋」３月号に、「憲法９条は日米同盟の邪魔物だ」という米政府高官の発言が見出しになったことがありました。人に使う場合は「邪魔者」、物には「邪魔物」となります。

②国会用語いろいろ

■官庁用語は難しい

みなさんは「文書を手交する」という意味が分かりますか？　国会でよく使われる言葉

で「手渡しする」ことです。新聞は、一般的ではない官庁用語はそのままでは使いません。たとえば「当該の」は「その」、「過般」は「先ごろ」のように言い換えます。「目途」は新聞では普通「めど」とかな書きになりますが、官僚はきまって「モクト」と音読みします。漢語は堅苦しくなるので、和語にすると分かりやすくなります。

■大宗

国会答弁で使われる「大宗《たいそう》の部分」「大宗を占める」。この「大宗」を広辞苑では「物事のおおもと。特に芸術の方面で権威のある大家」と書いています。ほとんどの辞書が同じです。

新語をよく採用する三省堂第7版では「①主要な部分②中心的な存在」とし、毎日新聞は「大部分、大半」という意味だと解説しています。大辞林第4版にも「予算の大宗を占める」の用例で載るようになりました。

官庁用語と思い漢和辞書をみると、「おおもと」のほかに「主要なもの」としているのがありました。中国語大辞典（1994年、角川書店）では「大口、主要なもの」としています。やはり官僚は漢語がお好きのようです。

■一丁目一番地

政治の世界でよく使われる「一丁目一番地」。所番地のことではありません。小泉政権時には、郵政民営化を「改革の一丁目一番地だ」と言ったり、ここ数年では「憲法違反の安保法制＝戦争法を廃止し、立憲主義を回復することを、市民と野党の共闘の『一丁目一番地』に」と使ったりします。

この言葉もほとんどの辞書には載っていませんが、大辞泉第2版は「最初に実施すべき最重要な事柄をたとえていう。最優先課題」のこと、三省堂第7版も「最優先（の課題）」としています。最新の大辞林第4版にも「最も重要あるいは中核となる物事をたとえていう語」として採録されました。

■前広に

「前広《まえびろ》に準備して」も国会でよく使われます。「前広」は国語辞書にも載っています。広辞苑では「あらかじめ、前もって」という意味で、江戸時代の浄瑠璃の用例をあげています。昔から使われていたようですが、一般的ではありません。「事前に」と言ってほしい言葉です。

③読み方は？

■「よろん」？　「せろん」？

読者から「世論」には「よろん」と「せろん」の二通りの読み方があるが、使い分けがあるのかと質問がきました。

戦前の国語辞書をみると「せろん」（または「せいろん」）は「世論」と書き、「よろん」は「輿論」となっていました。意味はどちらも同じですが、別々の言葉だったのです。

戦後制定された当用漢字に「輿」が入らなかったため、「よろん」を漢字で書けなくなりました。こういう場合、新聞では同音の漢字に書き換えるか、似た意味の漢字に言い換えるかにします。「民論」「公論」などが考えられたそうですが定着せず、結局「世論」になりました。

ＮＨＫは当時ラジオ放送だったので表記は問題にならず、一般的な言葉の「よろん」を使っていました。ところがテレビ放送が始まり、文字で表す必要が出てきました。そのため「世論」と書くようになりますが、「せろん」とは読まず「よろん」に統一しています。ただ一般的にはどちらでもよいことになっています。

■「しこう」？「せこう」？

憲法施行は「しこう」か「せこう」か、どちらでしょうか。

「施行」は本来「しこう」と読みますが、法律用語の「執行」と読み方が似ているため、官庁などでは「せこう」といいます。一般的にはどちらでもよいのですが、ＮＨＫは「施行」は「しこう」と読み、「せこう」と読む場合は「施工」を指します。

「施工」は工事を実施することですが、沖縄・辺野古埋め立てに関わって作成される「地盤に係る設計・施工の検討結果」の文書などの表題が「施行」と間違えやすい。

■「しゅっしょう」？「しゅっせい」？

「出生」は現在、「しゅっしょう」「しゅっせい」の両方の読みがありますが、戦前の国語辞書には「しゅっしょう」の読みしか見当たりません。戦後になって「しゅっせい」の読みが辞書に登場しました。

「出生届」や「出生率」などは伝統的な読み方の「しゅっしょう」を使います。ただ「生」は「生涯」「誕生」など「しょう（じょう）」と読む言葉もありますが、「生活」「生産」「生命」「発生」など「せい」と読むほうがはるかに多いため「しゅっせい」と読む傾向が強くなっているようです。

■ふいんき？

「ふいんき」という言葉を聞いたことはありますか？　実は以前から「雰囲気《ふんいき》」は「ふいんき」と間違えやすいとされてきました。明鏡には「ふいんき」は誤り、と明記。

パソコンで「ふいんき」と打っても「雰囲気」に変換されません。ところがスマホでは「ふいんき」と打つと「雰囲気」も出てくるのです。そのため「ふいんき」が正しいと覚えてしまいます。

なぜ「ふいんき」と間違えやすいのでしょうか。それは「ふんいき」が発音しづらいことがあります。こういう場合はよく音がひっくり返ります。これを「音位転換」といいます。

たとえば、「あらたし」が「あたらし」になり、「あたらしい」が生まれました。花の「さざんか」も山茶花と書くように、もとは「さんざか」と発音しました。

これは外来語でも同じで、シミュレーションがシュミレーションに、コミュニケーションはコミニュケーションと間違えやすいのです。

■たいく？

一方、耳から覚える言葉も間違えやすい。「体育」は「たいいく」が正解ですが、実際は「たいく」と聞こえます。しかしパソコンで変換すれば「体躯」と別の言葉になってしまいます。体育館も「たいいくかん」と打たなければ変換されません。

「全員」も、「ぜいいん」や「ぜーいん」と聞こえますが、「ぜんいん」と打たなければ出てきません。パソコン時代になって、初めて正しい読み方を覚えることもあります。

■「二人組」の読み方は？

テレビでは「二人組」と書いて「ににんぐみ」と読みますが、「ふたりぐみ」とは言わないのですかという質問がありました。

NHKでは「ににんぐみ」を標準にしていますが、「ふたりぐみ」でも間違いではありません。

戦後初期（1948年）の決まりによると、「二人」には「ににん」の読みしかなく、「ふたり」の場合は平仮名書きでした。そのため「ににんぐみ」と読みましたが、73年に「ふたり」の読みが追加されたので、どちらで読んでもよいことになったのです。

■「3階」はどう読みますか？

「1階、2階、3階、4階、……10階」の読み方で、「3階」だけ「がい」と濁りませんか？

これは連濁の法則で、「ん」の直後に濁る傾向がありますが、すべてが変化するわけではありません。「3階」は濁りますが、「3回」は濁りません。

2003年度の「国語に関する世論調査」では、「3階」を「さんがい」と読む人は6割を超えています。一方、30歳未満では過半数が「さんかい」と答えていました。

それでは4階はなぜ「よんがい」と濁らないのでしょうか。もともとは漢語の発音で

「しかい」と読みましたが、「し」は「死」を連想するため「よん」と発音するようになったといいます。そのため「よんかい」と濁らないのだそうです。

■「人」それぞれの読み方

「支配人、通行人」などは「にん」、「宇宙人、社会人」などは「じん」と使い分けています。

「にん」はサ変動詞など動作を表す言葉や数詞につくといいます。たとえば、管理する人だから管理人、保証人、3000万人署名などです。

「じん」は名詞や形容動詞、地名・国名につきます。外国人、自由人、日本人などです。これらは例外もありますが、どちらも逆の使い方はしません。

■月極駐車場

よく街で見かける「月極駐車場」の看板。1カ月にいくらときめて契約する駐車場のことで、「げっきょく」と読むのは間違いです。

正しくは「つきぎめ」と読みますが、新聞では「月決め」と書きます。常用漢字の

「極」は「キョク・ゴク・きわめる・きわまる・きわみ」と読み、「きめる」とは読まないからです。

しかし昔は、「極《き》める」と読んで「約束する」という意味がありました。そのため現在でも「月極」は現役で使われています。

④やっぱり文法はむずかしい

■「応ぜず」と「応じず」

ある新聞の見出しが「オスプレイ自粛、応ぜず」となっているのをみて、「応じず」の誤りではないかとの声があがりました。どちらが正しいのでしょうか。

この「応ぜず」は文の終わりにつく形です。文語の「応ず」を活用させて「応ぜず」となります。文語なので奇妙に感じるのでしょう。口語でいうと「応じない」か「応じぬ」となります。

これを「応じず」としてしまうと、口語の「応じる」＋文語の「ず」となり口語と文語がまざってしまいます。口語には口語、文語には文語が付くのが自然な形なので、新聞の見出しでは本来の「応ぜず」か「応じぬ」を使います。

ところが記事の中では「米軍はオスプレイ自粛に応じず、訓練を続けた」のように「応じず」を使います。これはどういうことでしょうか。

この文章の「応じず」は文の終わりではなく、次に文が続く「連用形」です。この場合は打ち消しの助動詞「ぬ」の連用形「ず」が付いたもので文語ではありません。

見出しは「応ぜず」、記事は「応じず」となるのです。

同様の言葉で「辞せず」と「辞さず」がありますが、時事通信社の『最新用字用語ブック第7版』（2016年、以下、用字用語ブック）によると、「『辞さず』は現在では、『辞せず』と同様によく使われている」としています。「動ぜず」と「動じず」、「報ぜず」と「報じず」も同じで、それぞれ「動じず」「報じず」がよく使われています。今後は見出しでも「応じず」が一般化していくのではないでしょうか。

■「おぼつかず」？「おぼつかぬ」？

それでは「おぼつかず」や「おぼつかぬ」という言い方はどうでしょうか。

元の言葉である「おぼつかない」は「少ない」「危ない」と同様、一語の形容詞です。そもそも「おぼつく」という動詞もありません。そのため「ない」を切り離して「ず」「ぬ」に置き換えることはできません。

「おぼつかず」「おぼつかぬ」は誤用ということになります。

■「来る」と「来たる」

通常「きたる」を漢字で書く場合、連体詞は「来る」、動詞は「来たる」と書き分けます。動詞の「きたる」は、文語です。常用漢字は口語を対象としているので文語のルールはありません。新聞では、「くる」も連体詞の「きたる」も「来る」と書きました。

しかしこれではどう読むのか紛らわしいという声が出てきました。そこで朝日新聞は2015年から、「できるだけ読みやすく合理的な書き方」として、連体詞も動詞も「来たる」とする独自の基準にしました。

時事通信社は2016年から、連体詞は「来る」、動詞は「来たる」と書き分けるように変更しました。「赤旗」も「きたるべき」の漢字表記を「来たるべき」に変えました。助動詞の「べき」がつくため、「きたる」は動詞となるからです。ただ「きたる総選挙」は連体詞なので、常用漢字通り「来る」となります。連体詞と動詞で使い分けることになりますが、ややこしいし、「くる総選挙」とも読めてしまいます。

「赤旗」には、読みにくい人名や地名には読みをつけてほしいという要望が多く寄せられます。読み方が紛らわしい漢字にも独自の工夫が必要だと考えています。

けしからん

「国民の声を聞かない安倍首相は、けしからん」のように使われる「けしからん」。非常によくない、ふとどきだという意味で、元の形は「けしからず」です。

「けし」は漢字で書くと「怪し」「異し」で文語の形容詞です。この未然形である「けしから」に打ち消しの助動詞「ず」が付いたもので、それが「けしからぬ」になり、「けしからん」と変化したのです。

これは否定ではなく「～どころではない」と強調する表現といいます。一方「強い否定の意を表すために、誤って打ち消しの助動詞『ぬ』を加えた」と解説している辞書もあります。

⑤字体、句読点、書き方など

■混乱する「字体」

パソコンで「ききん」と打つと「飢饉」と変換されます。よく見ると、同じ「しょくへん」なのに字体が違います。おかしいと思いませんか。

実は戦前の「しょくへん」の漢字はすべて「饉」と同じ難しい形でした。戦後、当用漢字が決められ、新字体に整理されました。それで「飲、飯、飢」などの新しい「しょくへん」漢字が生まれたのです。

ただこの変更は、当用漢字（現在は常用漢字）だけに適用され、それ以外の漢字（表外漢字といいます）のルールは決められませんでした。そのため2種類の「しょくへん」が混在するのです。

ワープロ等の発達により、表外漢字も日常的に使われるようになったもののルールがないため、森鷗外が「鴎外」となるなど混乱が生じました。そこで2000年に、印刷の字体選択のよりどころとして、比較的多く使われる表外漢字を印刷標準字体として決めました。この標準字体は漢字の基準になっている康熙字典体《こうきじてん》（旧字体）でつくられています。04年にはパソコンの文字コードも変更され、表外漢字は略字体から旧字体となりました。

ただ、「しんにゅう（しんにょう）、しめすへん、しょくへん」の3部首は、現に使われている略字は変更せずそのまま使ってもよいとしました。これを3部首許容といいます。「しんにゅう」は、常用漢字の「辺、近」は1点、表外漢字の「迂、逢」は原則2点です。「謎、遜、遡」は新しく常用漢字になりましたが2点のままにして1点も許容としました。

「しめすへん」は「祠、禊、榊」などのように「示へん」と、「祷、祢」など「ネへん」の形が出てきます。

「しょくへん」は、「飴、餌、餅、蝕」など、パソコンの画面と印刷字体が違うことがあります。

パソコンの新旧によっても字体が違ってきますが、どちらも同じ漢字として扱われます。

また携帯電話は、昔の文字コードを使っているので、今のパソコンより略字体が多くなります。ああ、ややこしい。

■句読点について

読者から「句読点《くとうてん》についてルールはありますか」と聞かれることがありますが、実は日本語には、句読点の正書法はありません。英語などと違って日本語は漢字と仮名で読みやすい書き方ができ、文章の終わりがはっきりしているため、句読点が発達してこなかったといいます。

明治以降、一般的に使われるようになりましたが、戦前の法律文は「大日本帝国ハ万世一系ノ天皇之ヲ統治ス」(大日本帝国憲法)のように句読点もなく、漢字とカタカナだけで書かれていました。

戦前の新聞は句点「。」もまったく使われず、文章は読点「、」でつないでいました。段落の終わりは、句点も読点もなく空白だったのです(「赤旗」は句読点をつけていました)。

戦後の新聞記事も同様で、1950年7月から全紙面で句点を使うようになりました。

このように句読点の歴史は浅く、文部省(現在の文科省)が戦後「くぎり符号の使ひ方」（案）を出し、公用文や学校教育の参考になっていますが、正式決定はされていません。

新聞の用語集では、句点については「文の終わりに付ける」で共通していますが、読点については「文の構造を正しく伝えるために打つ」としている社もあれば、「息の切れ目や読みの間合い」に打つなど、統一した基準はありません。

ジャーナリストの本多勝一氏は、読点は構文のための論理として打つのが原則で、「息継ぎ」など肺活量の多い少ないに影響されるところに打つ必要はないとしています。

実際の新聞記事は、多くが書き手の裁量にまかされています。また「赤旗」の場合、候補者名を平仮名にすることが多く、「日本共産党の○○候補」だと読みにくいため、「日本共産党の、○○候補」と読点を入れるようにしています。

■複数を示す言葉

複数を示す言葉に「ら、たち、など」があります。新聞では「Aさんら」「B社長ら」のように、人や職名などの下に付けて複数を示す場合は、「ら」を使います。「米国、日本など」「食料品、医療サービスなど」のように複数の事物、行為には「など」を使い、人には通常使わないとされてきました。

国語辞書をみると「ら」は複数を表すだけでなく「人を表す名詞や代名詞に付いて、親愛・謙譲・蔑視の気持ちを表す」などの意味も含みます。

古語辞典では「尊敬を含まず、人を見下げたり、卑下したりする感じで使うことが多い」とあり、昔から見くだしの気持ちが強かったのでしょう。いまでも話し言葉では失礼な印象になることもあるため、NHKでは「なるべく、『たち』『など』そのほかの表現に言いかえる」としています。より丁寧に言うときは、「〇〇さんをはじめ」などとすればよいでしょう。

「〇〇たち」には「ども」や「ら」に比べて見下した感じがないのでよく使われます。古くは神または貴人だけに用いいましたが、最近では「お気に入りの服たち」のようにも使われるようになってきました。

■中国・韓国・北朝鮮の人名の表記

読者から、中国の習近平国家主席は「しゅうきんぺい」と日本読み（ひらがな）、韓国の文在寅大統領は「ムンジェイン」、北朝鮮の金正恩国務委員長は「キムジョンウン」と現地音読み（カタカナ）なのはどうしてか、との質問がありました。

時事通信社の用字用語ブックでは、中国人は原則として漢字で書く、韓国・朝鮮人は漢字で、読みはカタカナで現地音を書く、としています。

もともと日本では、中国・朝鮮は漢字表記・日本語読みの慣用と戦前の文部省が答申していました。戦後は紆余《うよ》曲折がありましたが、原則漢字・日本語読みでした。中国の人名は、戦前からの慣用で原則、漢字で書き、日本語読みです。NHKなど放送も同様です。中国では日本人を中国語読みします。それぞれの国の読み方で読む、お互いさまの関係です。

しかし近年では、朝日新聞、読売新聞などが現地音読みに変更しています。「国際的なビジネスや交流の場において不可欠の情報になるため」と説明していますが、習近平氏を「朝日」は「シーチンピン」、「読売」は「シージンピン」と違って読んでいます。現地音を正確に日本語表記することは難しいのです。

一方、韓国・北朝鮮では日本人を日本語読みします。日本では以前、韓国の大統領だった全斗煥氏を「ぜんとかん」と読みましたが、１９８４年、韓国からの申し入れにより「チョンドゥファン」と変更、北朝鮮も同様の扱いにしました。しかしこれまで漢字書きだったため、漢字名に現地音読みのカタカナをふることにしています。

⑥敬称のつけ方

■「君」「さん」「ちゃん」

子どもの敬称について新聞では、「君」は高校生以下、「ちゃん」は小学校入学前というのがこれまでのルールでした。

ＮＨＫは「さん」が原則で、学生や未成年の男子には「君」をつけてもよく、幼児は「ちゃん」にしています。また誘拐や交通事故など痛ましい事件に巻き込まれた場合にも「ちゃん」を使ってもよいとしています。

ところが２０１６年から変化が出てきました。時事通信社は、小学男子は「君」、女子は「さん」ですが、中高生は男女とも「さん」と変更しました。毎日新聞では小学校入学以降は男女とも「さん」とし、「君」は原則使いません。

これは男女とも「さん」付けで名前を呼ぶ機会が増えていることが背景にあります。今後は男女とも「さん」になっていくのではないでしょうか。

■「氏」と「さん」

おとなの敬称については、男性は「氏」、女性は「さん」と使い分けてきました。死亡記事に顕著で、通信社や読売新聞などは原則、男女で使い分けています。朝日新聞や毎日新聞は男女とも「さん」にしています。「赤旗」は１９９０年代半ばから、他紙に先駆けて男女とも「さん」で統一してきました。

一般の記事でも男女で区別せず「氏」「さん」のどちらかに統一しています。

■殿と様

手紙で宛名に書く「殿」と「様」の違いはなんでしょうか。

「殿」は貴人の邸宅の意味で、そこに住む人の敬称として平安時代から使われてきました。「様」は「方向」を表します。人を直接さすのを避けて敬意を表現します。室町時代から使われだしたといいます。どちらも婉曲的な用法です。

その後は「様」が多用され、一般的な敬称になりました。1952年の国語審議会で「これからの敬語」として「さん」を標準にし、あらたまった場合などは「様」としました。しかし59年の「文部省公文書の書式と文例」では宛先は「殿」としたのです。そのため公用文などは現在でも「殿」が使われています。

■各位

読者から「各位」はどのように使うのですかと質問がきました。

「各位」は改まった席や書類などで使われる言葉です。「みなさまがた」という意味で、複数の人を対象に、それぞれに敬意を表します。

「各位」の「位」は、「にんべん+たつ」からできているように、人が立つ場所のことを指します。そこから敬称として用いられるようになりました。

「各位」はすでに敬称を含んでいる言葉なのです。そのため「各位殿」「各位様」は二重敬語になるので、誤った用法とされています。

明鏡によると「本来敬語であるが、敬語意識が薄れる傾向にある」として、「お客様各位」などは許容されているとしています。ルール通りなら「お客各位」となりますが、違和感があるため「お客様各位」とするのが自然だといいます。ただ「各位様」と後ろにつくのは認められていません。

■御中

団体や会社などには「○○御中」となります。また「様」と「御中」を同時に使うことはできません。たとえば「日本共産党御中　○○様」や「○○様御中」とはせず、「日本共産党　○○様」でよいことになります。

この「御中」は「おんちゅう」と読みますが、明治以前は「人々御中」と書いて「ひとびと　おんなか」と読んでいたそうです。

■気付

郵便物や荷物を直接相手の住所に送らず、立ち寄り先や宿泊先などに送る際、あて先の下に「気付」と書きます。

「気付」は日本国語大辞典によると「心添え・心付け・注意させる意から」使われているとしています。大辞林では「care of」の訳語としています。英語の住所表記では略記のC／Oが使われます。これは個人にも会社などにも使えますが、日本語では個人には「○○様方」、会社や施設には「○○気付」と使い分けています。

⑦昔から使う言葉ですが……

■ていたらく

「企業献金も政党助成金も受け取りながら、国民には増税を押しつける政党。何というていたらくだ」のように使われる「ていたらく」。「為体」と書きますが、新聞は「体たらく」と表記します。非難の意をこめて使われます。

「たらく」とは断定を表す文語の助動詞「たり」に「く」がついて名詞になったものです。「体たらく」自体には「ひどい」の意味はなく、「ようす。ありさま」のことです。古語辞典にも載っていて古くから使われている言葉です。

それが近世以降、マイナスのイメージを持った使われ方をされて、「何たるざまだ」と同様、「とても褒められたものではないひどい状態」をさすようになりました。「堕落」を連想したり「低たらく」と思い浮かべるからかもしれません。

■豪州って?

略記で「加」はカナダ、「加州」ならカリフォルニア州なのに、オーストラリアを「豪州」と書くのはなぜですか、という質問がきました。

豪州の「州」は、戦前は「洲」と書きました。「州」と同じ意味ですが、「大陸」という意味もあります。欧州(ヨーロッパ大陸)や米州(アメリカ大陸)と同じでオーストラリア大陸のことですが、国名にも使います。

戦後の国語改革で「洲」が当用漢字に入らなかったため、同音の「州」に書き換えになりました。戦前は「濠洲」「欧洲」だったのです。

オーストラリアを漢字で書くと「濠太剌利」です。「濠」も当用漢字に入らなかったため「豪」に書き換え、現在では「豪州」の表記になります。ちなみにカリフォルニアは「加利福尼亜」と書き、カナダは「加奈陀」の字が当てられ、そこから「加州」「加」の略記になります。この「州」は中国古代の行政区画で、今では連邦国家の行政単位としても使われています。

■居ても立っても……

戦争法＝安保法制が強行された2015年も流行語がたくさんありましたが、個人的な大賞は「居ても立ってもいられない」だと思っていました。学生やママたちが、戦争法はいやだ、アベ政治を許さないと、「居ても立ってもいられず」に国会前などに集まった年でした。

でもどうして「居ても」「立っても」なのでしょう。居ることも立つことも同じような印象ですが、実は「居る」は「座る」という意味で、「立つ」の対語なのです。「座っても、立ってもいられない」ことから「じっとしていられない」という意味で使われます。

似た言い方で「矢も盾もたまらず」があります。矢で攻めても盾で防いでも、勢いを止めることができないことから「じっと我慢していられない」意味になります。これを「矢も立ってもいられない」とするのは誤用です。

■佳境に入る

「話が佳境に入った」のように使われる「佳境」ですが、どういう意味でしょうか。「佳」は、よいという意味で、「佳境」は、なんともいえないすばらしい所のことです。国語辞書では、景色がよい所や面白い所としていますが、漢和辞書をみると「うまいところ」というのもあります。

もともとは中国の故事から来た言葉です。有名な画家が甘蔗《かんしゃ》（さとうきび）を甘くない先端の方から食べ始めるのでそのわけを聞いたところ、だんだんうまくなることを「漸《ようや》く佳境に入る」と言ったそうです。転じて、しだいに興味深いところに入る、だんだんと面白くなる意味として使われるようになりました。

そのため「捜査は佳境を迎えた」「法案の審議が佳境に入った」のように、単なるヤマ場や大詰めの意味で使うのは好ましくないとされます。

ところでこの「佳境に入る」の「入る」の読み方は「イル」か「ハイル」か、どちらでしょう。戦前は「入る」は「イル」と読んでいましたが、現代では「イル」「ハイル」両方に読めます。漢語による慣用句は「悦にイル」「堂にイル」で「ハイル」とはなりません。佳境は国語辞書でもバラバラで、どちらも使われています。

■公算が大きい

メディアでよく使われる「……の公算が大きい」ですが、そもそも「公算」とはどういう意味でしょうか。辞書を見ると「確実性の度合い。たしからしさ」とあります。「公算」は実は日本で生まれた漢語です。明治時代には、社会、経済、科学など外来の概念を翻訳して多くの漢語がつくられました。西洋数学の「確率」も翻訳語ですが、定着するまでは、「蓋然《がいぜん》」「確からしさ」とともに「公算」などもありました。中国語では「概率」と訳されているそうです。

「公算」は「確率の古い言い方」です。本来数量的なので、「大きい、小さい」を使うほうがよいとされます。多くの辞書では「公算が大きい」としています。

ところが同じ意味の「蓋然性」は高い低いで表します。類義語の「可能性」は強弱でも表します。そのため「公算が高い」や「公算が強い」を採用している辞書もいくつかあります。NHKは「公算が大きい」が本来の言い方としていますが、「可能性」「見込み」の意味で使う場合は「公算が強い」と表現しても、あまり違和感はないので使ってよいことにしています。

ただ新聞では本来的な用法の「公算が大きい」「公算大」のように使います。見出しに限り「可能性」の意味で「……の公算」としてもよいことになっています。

■幾何

数学用語には確率のほかに「代数」や「幾何《きか》」などもあります。ただこれらは中国生まれの漢語で、日本でも活用されたものといいます。

「幾何」は日本ではもともと「いくばく」と読まれていました。「どのくらい」と問う言葉で、今でも「まだ小遣いはいくばくか残っている」のように使われます。

日本国語大辞典によれば「近世中国の洋学書に由来」した「幾何学」が、明治10年代後半に日本に定着、一般化したものとしています。

■木で鼻をくくる

木で鼻をくくったような答弁などと、無愛想に対応するときに使いますが、鼻をくるとはどういうことでしょうか。

実は強くこする意味の「こくる」が「くくる」と誤用され、定着した言葉なのです。ですから「くくる」という意味はありません。実際、木では鼻をくくることはできません。木の棒で鼻水をこすらせることから、ひどく無愛想にもてなす、冷淡な態度という意味になったといいます。

うる覚え？

「ぼんやりと覚えていること。不確かな記憶」のことを「うる覚え」と言いませんか。正しくは「うろ覚え」です。

日本国語大辞典によると、「うろ」は「おろ」の変化した語で「いささか、不十分な、確かでない、の意」としています。「おろ」は「おろそか（疎か）」と同源の語で、うろ覚えも広辞苑第7版では「疎覚え」と表記しています。

講談社カラー版日本語大辞典（1989年）などでは「空覚え」と書きます。この「空《うろ》」は「うつろな所、からっぽ」という意味で、そこから「うろ覚え」になったともいいます。

「うる」の方が発音しやすいためかよく使われますが、「うる覚えは誤り」と注記している辞書もあります。うろ覚えの言葉は辞書で確認しましょう。

■固定概念？

最近、「固定概念」という言葉を聞きました。ＮＨＫテレビの字幕にも使われていて驚きました。かなり広まっているようですが間違いで、正しくは「固定観念」です。「観念」とは「物事について抱く考えや意識」など主観的なもので、人によって違います。その人が思い込んで容易には変わらないことを「固定観念」といいます。「概念」は「ある事物の概括的な意味内容」のことで客観的なものです。一般的、普遍的なものなので固定をつける必要はなく「既成概念」のように使われます。

■隠語

隠語は仲間内でしか通じない特別の言葉で、場所を「しょば」、素人を「とうしろ」と意識的にひっくり返すことでできます。また警察を「サツ」、被害者を「ガイシャ」と省略する方法なども。

刑事を「デカ」というのは、明治時代に和服の「角袖《カクソデ》」を着ていた刑事を、犯罪者が語順を入れ替えて「クソデカ」と呼び「デカ」と省略されたものといいます。もとは蔑称だったのですね。

■生前

平安時代から使われている言葉で、どの辞書にも載っている「生前」ですが、漢字をそのまま読めば「生まれる前」という意味になります。しかし「生前、父がお世話になりました」と使うように、「生きていた時、死ぬ前」のことをいいます。

どうして「生前」と書くのでしょうか。一つは、仏教語では死後、現世を去って浄土に生まれ変わることを「往生」といいます。死ぬ前は、浄土に生まれる前のことなので「生前」となるそうです。

もう一つは、「前」には過去の意味があり、「生きていた過去」だから「生前」と書かれるといいます。

■負けず嫌い

スポーツ選手などの生い立ちの記事によく出てくる「負けず嫌い」。普段からよく使う言葉で、負けることが特に嫌いなことをさします。

でもなぜ「負けず」と否定形なのでしょうか。理屈から言えば「負け嫌い」でよさそうです。実は「負け嫌い」という言葉は江戸時代からありました。

その「負け嫌い」と、負けてたまるかという「負けじ魂」がまじり合ってできたのではないか、というのが多くの国語辞書の説明です。

しかしほかの説をとる辞書もあります。これは否定の強調で、「負け嫌い」に打ち消しの「ず」を挿入したものとする辞書や、この「ず」は否定ではなく、意志を表す文語表現の「むとす」が「むず」「うず」「んず」「ず」と変化したもので「負けようとすることが嫌い」と説明する辞書もあります。このように定説はないのです。

国語学者の岩淵悦太郎氏は、なぜ「ず」なのか「よくわからない」としながら、「負けまい」とする気持ちをあらわすことから、つい「負けず」と言って、それに「嫌い」を付けたものか、「食わず嫌い」などの類推からか、などとしています。

いずれにしても、ほとんどの辞書に載っている言葉です。「負け嫌い」が理屈に合っていますが、現在では「負けず嫌い」が一般的に使われています。

■天地無用

段ボール箱によく「天地無用」の貼り紙がしてあります。この言葉の意味について、2013年度の「国語に関する世論調査」では、「上下を気にしないでよい」と回答した人が約3割、意味が分からないとの答えが約1割にのぼりました。正しい意味は「破損する恐れがあるため、この荷物の上下を逆さまにしてはいけない」ということです。

誤解の原因は「無用」を「用がない」ととらえ、「心配無用」が「心配する必要はない」のと同じように、「天地無用」も「上下を気にする必要はない」と解釈してしまうからでしょう。

しかしこの「無用」は「してはならない」という禁止の意味の言葉なのです。同じ「無用」でもいくつか意味があるので要注意です。

■幅員

前方で道幅が狭くなることを表す「幅員《ふくいん》減少」。この「幅員」ですが、なぜ「員」の字が使われているのでしょうか。

「員」は、定員や人員、全員など人の数に関する漢字で、そこから「審査員」「委員」など使われています。

もともとの意味は「数」ですが、「まわり、めぐり」という意味も持ちました。大漢和辞典修訂版（１９８４～８６年、大修館書店）によると、「幅員」は「はばとめぐり」のことで、広さを表す言葉でした。それが今では「はば、横の長さ」、特に「道幅」として使われています。

■障害者、障碍者、障がい者

障害者の表記について「しんぶん赤旗」はどう考えているのかとよく聞かれます。

この発端は、２００１年に東京都多摩市が「障害」の表記を「障がい」と改めたことです。「障害者の〝害〟の字が不快感を与えて好ましくない」という理由からでした。それ以後、全国に広がり使われるようになりました。

では「障害者」という言葉はいつ頃から使われ始めたのでしょうか。戦前の法律では「不具」「廃疾《はいしつ》」など差別的用語が使われていました。戦後になって「身体障害者福祉法」の制定により「障害者」が使われるようになり、差別的用語をなくす法改正がされてきました。

「障害」という言葉は、戦前は「障碍」と書き、戦後の当用漢字に「碍」が入らなかったため新たに「害」を使うようになったといわれることがありますが、これは誤解です。戦前の国語辞書にも「障碍、障害」は同じ言葉として載っています。「碍」も「害」も「さまたげ」という意味で、書き換えても意味は変わりません。

10年に内閣府が「障害」の表記についての意見募集をおこないました。それによると、「障害」と「障碍」が4割ずつ、「障がい」は1割でしたが、どう表記するかの結論には至りませんでした。

DPI（障害者インターナショナル）日本会議では、「現段階では、障害の表記が適当」としています。これは障害者権利条約に基づく考えといいます。

障害は、個人ではなく社会にあるという考え方です。障害者自身が「害悪」ではなく、社会にある障害物が「障害者」をつくりだしているのです。個人の問題だと、「害」の字を使うのは好ましくないとなりますが、社会の問題だと捉えると、社会の障壁こそ改善、解消することが必要と前向きになるのです。

ただ「害」を使いたくないという気持ちも分かります。「赤旗」では原則、「障害者」と書きますが、取材相手が「障がい」や「障碍」を使う場合は一律に統一せず、その記事に合った書き方をしています。

第3部　移りゆく言葉たち

①ちょっと気になる言葉

■「らへん」は変？

最近よく耳にする「真ん中らへん」や「渋谷らへん」の「らへん」。かなり浸透しているようで、明鏡第2版（2010年）と三省堂第7版（14年）の国語辞典に載りましたが、違和感を覚える人も多いようです。

「ここら」（このあたり）に「へん」（場所）がついた「ここらへん」から「らへん」だけを取り出して使われるようになったといいます。明鏡では「北海道などの方言」としています。多くの辞書は「ラ行変格活用の略」しかありません。

■ガン見

「ガン見《み》」という言葉もあります。「○○にガン見された」のように使われます。意味は

「じっと見つめる」ことです。辞書には載っていないと思っていたら、三省堂第７版にありました。反対語はチラッと見るから「チラ見」だそうです。

「ガン見」の「ガン」は、勢いが激しい様子を表す「がんがん」から生まれた強調語です。「がんがん見る」から「ガン見」です。他人に因縁を付けるときの「ガンを付ける」「ガンを飛ばす」の「ガン」は「眼」の音読みです。

■ドン引き

「観客はドン引きだ」。芸人の「笑えないギャグ」で、その場の雰囲気が急にしらけることを指します。

この「ドン」は、どん底、どんぴしゃりの「どん」と同じで、接頭語の「ど」を強調したものです。もとは映画やテレビの撮影で、カメラを引いて被写体を小さくすることから使われた言葉だといいます。

最新の大辞林第４版（２０１９年）では俗語として、「常識外れの発言や場違いな発言がきっかけとなって、その場の雰囲気がはなはだしく冷めてしまうこと」と解説しています。

日本国語大辞典（01〜02年）には、北陸や中国地方での「カエル」の方言として「どんびき」が載っていました。

■ジンクス

「2年目のジンクス」のように縁起が悪い意味の「ジンクス」。もともとは古代ギリシャで魔術に用いられた鳥の名前だそうです。以前は「ジンクスを破る」など悪い意味で使い、「縁起が良い」意味で使うのは不適当とされていました。

しかし、ほとんどの辞書では、原義は縁起の悪いものとしていますが、良い・悪いのどちらの意味も載せていて、「PK戦では負けないジンクス」のように使われています。

ただ新聞では、縁起が良いものの意味では使わないとしています。『NHKことばのハンドブック第2版』（2005年）でも、なるべく別の言い方を工夫するようにしたい、としています。

■○○る

2018年に刊行された広辞苑第7版に、新語として「デコる」が入りました。デコレーション（装飾）の略「デコ」に「る」をつけた言葉です。

一方、収録が見送られた言葉に「ググる」がありました。06年の新語・流行語大賞の候補にもなった言葉で、インターネットのグーグルで情報を検索・収集することをさします。「ググる」は、インターネット辞書以外では、大辞泉第2版（12年）と三省堂現代新国語辞典第6版（18年）、新たに大辞林第4版（19年）が採録しています。

ところで、先の「デコる」とは、携帯電話などを好みに合わせて装飾することです。日本国語大辞典によると、すでに大正時代には「飾り立てる、おしゃれする、厚化粧する」の意味で使われていました。現代によみがえった言葉といえます。

日本語には、「〜する」「〜る」で動詞になる言葉が多くあります。13年度の「国語に関する世論調査」では、「チンする」は9割、「サボる」は8割台半ばの人が使うと回答しています。サボるはフランス語のサボタージュの「サボ」を動詞化したものです。

英語のトラブルも「トラブる」、パニックも「パニクる」となります。古くは「曇る」「羽織る」「愚痴る」や「牛耳る」、事故を起こす「事故る」、麻雀の聴牌《てんぱい》から生まれた「テンパる」も。「テンパる」は、限界に達している状態を表します。好意や愛を告白する意味の「告る」というのまであります。

この造語法は、古くから行われてきました。『悩ましい国語辞典』（神永曉著、15年、時事通信出版局）によると、江戸で使われていた言葉に「ちゃづる」というのもあるそうです。茶漬け飯を食べることで、なんだか風流な響きですね。他に銘酒の剣菱《けんびし》を飲む「けんび（剣菱）る」などもありました。

このように日本人は昔から新しい言葉をつくり、生活に取り入れてきました。2019年の新語・流行語大賞には「タピる」（タピオカドリンクを飲むこと）がノミネートされました。廃れる言葉もありますが、これからも新しい言葉が続々と生まれていくでしょう。

■カツゼツ

テレビで「カツゼツが悪い」と聞くことがありますが、「カツゼツ」とはなんでしょう。1995年発行の大辞泉は「滑舌」と書いて「アナウンサー・俳優などが口の動きを滑らかにするために行う発音の練習」としています。2001年の日本国語大辞典も「発音の練習」としていますが、なんだかしっくりきません。

広辞苑は08年の第6版から登場します。もとは放送業界の用語で「はっきり発音するための舌や口のなめらかな動き」という意味です。

大辞林は第3版（06年）から「滑舌・活舌」と二通りの表記を示して「せりふや台本をなめらかに発声すること」としています。「なめらか」という意味から、一般的には「滑舌」と書くようです。

放送業界では古くから使われていたといいます。「赤旗」のデータベースで調べると、一番古くは1994年から使っていました。

滑舌が悪いと起きる現象が「せりふをかむ」です。この「かむ」は俗語で、「話すときに、ことばがなめらかに出なかったり、言い間違えたりする」（明鏡第2版）ことをいいます。

■しれっと

「しんぶん赤旗」日曜版で連載していて、その後単行本になった『がんばりすぎずにしれっと認知症介護』（工藤広伸著、2017年、新日本出版社）。「しれっと」とはどういう意味でしょう。連載の1回目で「悩みはありつつも、何事もないかのように『しれっと』した介護を心がけています」と書かれていました。「けろっと」と似た意味の言葉です。

最近の辞書にも載るようになってきましたが、広辞苑は第3版（1983年）からです。

三省堂第7版には「もと海軍の俗語」との記述があります。日本国語大辞典によると初出は1967年の「階級」（井上光晴著）です。

語源はよく分かりませんが、古語に「しれじれ」「しれしれ」という言葉があります。「痴れ痴れ」と書き、「いかにもとぼけたさま」を表す言葉です。おそらくそこから「しれっと」が生まれたのではないでしょうか。

■鉄板

テレビを見ていると「間違いない、確実、定番」という意味で、「鉄板」という言い方がされます。鉄の板は硬い＝堅いということから生まれた言葉ですが、もとは競馬などギャンブルで使われていたといいます。それが芸能界で「鉄板ギャグ」「鉄板ネタ」として広まり、国語辞書にも俗語として載るようになってきました。

■発災

酷暑に豪雨、台風に地震と災害の多い日本です。ニュース記事などで「発災《はっさい》」という言葉を目にしたこともあるのでは。これまで辞書には載っていなかった「発災」ですが、最新の広辞苑第7版に採録されました。文字通り「災害が発生すること」です。

この言葉は、国立国語研究所のコーパス（言葉を体系的に集積したもの）によると、すでに1986年の防災白書で使われていました。その後、消防白書などにも使われてきました。とりわけ目にするようになったのは、2011年の東日本大震災からです。あまり聞きなれない言葉ですが、意味が分かりやすいため今後も使われていくでしょう。

■注力

ある目標達成のために、持っている力を注ぎこむことを「注力《ちゅうりょく》」といいます。広辞苑は第6版から、また大辞林第3版や明鏡初版などいくつかの辞書にも載るようになりました。

岩波国語辞典第7版（2009年）によると、「1990年代に産業界から広まった語」としています。

「発災」と同様、意味は分かりやすいのですが、時事通信社の用字用語ブックでは「定着したとは言えない面があるので、乱用しない」と注釈がついている言葉です。

■劣化する

最近、よく聞く言葉に「劣化する」があります。本来は「品質や性能が低下すること」で、「コンクリートが劣化する」「劣化ウラン弾」「経年劣化」などのように物品に対して使われてきました。

それが「政治の質が低下する」ことを「政治が劣化する」などと物品以外にも使われ、最近では「政治家が劣化」のように人にまで使われています。

この使い方を最初に意識したのは、２００７年に出版された『なぜ日本人は劣化したか』（香山リカ著、講談社現代新書）を読んでからです。香山さんは、「人間を工業製品のようにたとえるのは問題かもしれないが、……知的な活動からものづくり、モラルまで」劣化が広がっているのではないかと指摘しています。

一方、インターネットの世界では、芸能人の容姿が年齢により変化したことを否定的にとらえ「劣化」と言うそうですが、これは人権侵害で論外です。

物以外での用法は辞書にはまだ見当たりませんが、「政党助成金と小選挙区制が、政治の劣化・堕落の二つの元凶だ」のような使われ方は広がっていくでしょう。

②文化庁「国語に関する世論調査」から

〔2013年度〕

■まんじりともせず

「まんじりともせずに夜を明かす」。どのようにして朝を迎えたと思いますか。2013年度の文化庁による「国語に関する世論調査」（以下、「調査」）で取り上げられています。「じっと動かない」と答えた人が5割を超え、「眠らないで」は3割弱でした。正解は「眠らないで」です。

「まんじり」の語源について、ほとんどの辞書には記述はありませんが、日本国語大辞典には「まじまじ」の「まじ」から変化したものとありました。「にこにこ」と「にっこり」の関係と同じで、「まじまじ」から「まんじり」が派生したといわれます。

「まじまじ」は「じっとみつめる」のほかに「眠れないさま」を表す言葉でした。逆に

「まんじり」は「まどろむ」意味ですが、多くが否定の形を伴って「眠れない」意味をもちました。

「寝ないでじっと朝を待つ」ことから「じっと動かない」と連想したり、ゆっくりだが確実に動く「じりじり」の音の否定形で、「全く動かない」と思うのではないでしょうか。

■やぶさかでない

あまり乗り気でない頼まれごとに対して、仕方なく応じるときに「協力するのもやぶさかでない」と言うことがありますが、「やぶさかでない」には「仕方なく」という意味はありません。

「やぶさか」は漢字で書くと「吝か」です。この字を使った「吝嗇《りんしょく》」は「けち」のことです。「やぶさか」も同じで「物惜しみすること」。それに打ち消しの「ない」がついて「努力を惜しまない」ことから「喜んでする」の意味になります。いやいやながらではないのです。

2013年の「調査」によると、本来の意味の「喜んでする」と答えた人が3割強だったのに対して、「仕方なくする」は4割強という結果でした。すべての年代を通して同様の傾向でした。

「仕方なく」ととらえるのは、打ち消しの「ない」がつくため、否定の印象が持たれるからでしょう。

そういえばこの言葉は閣僚がよく使います。玉虫色の発言として使いやすいからかもしれません。

〔2014年度〕
■おもむろに

「おもむろに」はどのように使うでしょうか？　本来の意味である「ゆっくりと」は44・5％、「不意に」は40・8％と、2014年度の「調査」では分かれています。年代別にみると60代、70代は過半数が「ゆっくりと」ですが、40代以下では7割前後が「不意に」と理解しています。意味の逆転が起きている言葉といえます。

〔2015年度〕

■「ら抜き言葉」を考える

2015年度の「調査」によると、1995年の調査開始以来、「見れた」「出れる」の「ら抜き言葉」を使う人が初めて多数派になりました。

「ら抜き言葉」とは、「見られた」「出られる」など一段活用の動詞から「ら」が抜ける現象をいいます。

ただすべての「ら抜き言葉」が多数派になったのではなく、「食べれない」「考えれない」は少数派でした。短い言葉のみ容認されているようです。

年齢別では「見れた」「出れる」は40代以下で過半数でしたが、「考えれない」は全ての年代を通して1割前後の人しか使っていませんでした。

「ら抜き言葉」はどうして使われだしたのでしょうか。実は五段活用の動詞は室町時代ごろから変化してきました。たとえば「読む」「走る」の可能形は「読まれる」「走られる」でしたが、可能か尊敬か受け身かの区別がつかないため、「読める」「走れる」の可能動詞が生まれました。

これは見かけ上「見れた」「出れる」と同じ形になります。可能の意味をはっきりさせるために、五段活用の動詞の変化から類推して生まれたといわれます。

ただ文法では、可能動詞は五段活用のみに認められ、一段活用の動詞には助動詞の「られる」が接続する、とされています。そのため、教科書や国語辞書、新聞などでは使われてきませんでした。文化庁も１９７５年には「まだまだ標準的な言い方として位置付けられている段階にまでは至っていない」、１９９５年でも「共通語では誤りとされ、改まった場では使うべきではない」としてきました。ＮＨＫも適当な言い方ではないとしています。

しかし話し言葉では大正末ごろから使われはじめ、書き言葉でも小林多喜二が「蟹工船」で使っていました。日本語の崩れというよりは、五段活用以外の動詞にも可能動詞が使えるように変化してきたとも考えられます。好き嫌いは別にして、この方向が強まっていくことでしょう。

〔２０１６年度〕

■存亡の危機

２０１６年度の「調査」によると、「存続するか滅亡するかの重大な局面」について「存亡の危機」と「存亡の機」のどちらを使うかが話題となりました。本来は「存亡の機」で、時事通信社の用字用語ブックや共同通信社の『記者ハンドブック新聞用字用語集第13版』（２０１６年）でも書き換えることになっています。

ところが世論調査によると、すべての年代で7～8割の人が「存亡の危機」を使うと答えています。「赤旗」でも「日本農業の存亡の危機」のように使ってきました。文化庁も「広く使われており、明確な誤用というのは難しい」としています。

■従来から

「調査」では、重複表現について「気になる言い方か」という質問もあります。そのなかで「従来から」は7割以上の人が「気にならない」としています。「従来」には「以前から」という意味があるため「から」が重複となります。「古来から」も同様です。活字媒体である新聞は重複表現を原則使わず、「従来」または「以前から」にします。一方、テレビでは「今、現在」と強調することで聞き手が分かりやすくなることから、重複を全否定していません。そのため「従来から」などもよく使われ、多くの人が気にならないのでしょう。

■心が折れる

新しい表現についての質問では、「心が折れる」がありました。「気持ちがくじける。もうがんばれなくなる」（三省堂第7版）という意味で、『日本語ふしぎ探検』（２０１４年、日本経済新聞出版社）によると、１９８０年代に女子プロレスラーが使い始め、２０１０年ころに一気に広まったといいます。

この「心が折れる」は、40代以下では6割を超える人が使うことがあると答えています。60代以上でも、使わないが聞いたことがある人が5割を超えており、広く普及していることが分かります。「赤旗」の記事データベースで調べると２００６年に登場し、０９年以降多く使われています。

デジタル大辞泉によると、「近年になって『心折れる』から意味が転じたとみられる」としています。この「心折れる」は江戸時代から使われ「気持を相手側に曲げる。心がやわらぐ。気がなごむ。また、心が弱くなる」（日本国語大辞典）意味です。また「心がくじける」意味では「気が折れる」というのもあり、「心が折れる」は受け入れやすい言い方だったのでしょう。

■目が点になる

もう一つ新しい表現としては「目が点になる」が取り上げられていました。「びっくりしたり、あきれかえったりすること」です。「目を丸くする」と似ています。

これは１９８０年代の漫画で、目を点のように描いて驚きの表情を表すことからきています。「目がテン」とカタカナ表記も多く、テレビの番組名にも使われています。いくつかの辞書にも載るようになってきました。

そのためでしょうか、20代から50代では過半数の人が「使うことがある」と答えています。「聞いたことがない」は70歳以上では3割近くになっていましたが、それ以外の年代では1割以下でした。

■あさっての方を向く

「見当違いの方向を向く」ことを「あさっての方を向く」と言うことがあります。この言い方を「聞いたことがある」と答えた人は全世代で過半数になりますが、「使うことがある」はほぼ3割台でした。「あした」には希望的な意味合いがありますが、「あさって」は「紺屋の明後日」ということわざがあるように、見当はずれの意味があります。当てにならない約束や期日のたとえです。

■背筋が凍る

恐ろしさや気味悪さでぞっとすることを「背筋が寒くなる」といいますが、「背筋が凍る」を使う人が4割前後にのぼっています。緊張や恐怖で、表情や体が凍り付くといいますが、その連想で生まれた言葉ではないでしょうか。

〔2017年度〕

■ほぼほぼ

2017年度の「調査」では、新しい表現に「ほぼほぼ」が取り上げられました。60代以上では聞いたことがない人が多く、40代以下で使われています。

「ほぼほぼ」とは「ほぼ」を重ねて強調した言い方です。年3回更新するデジタル大辞泉には載っていますが、見出し語に掲げる紙の辞書はありませんでした。

三省堂は16年「今年の新語」大賞に選んでおり、同社の国語辞典第7版には「ほぼ」を「俗に、重ねて使う」と書きました。しかし抵抗感を持つ人も多く、広辞苑第7版では見送られました。ところが19年発行の大辞林第4版には「2010年頃から用いられる」として載りました。

〔2018年度〕

■憮然

「憮然《ぶぜん》として立ち去った」の本来の意味は「失望してぼんやりとしている様子」を表しますが、「腹を立てている様子」と答えた人が、2003年の「調査」では69・4％、07年度は70・8％でした。18年度は、56・7％と過半数を占めたものの下がってきました。これは学校の授業やテレビでの言葉の番組などでも扱われている反映では、と言われています。

③言葉の変化をみてみましょう

この数年間、広辞苑や大辞林が新版を出しています。言葉は時代によってその使われ方が変化していくものもあります。前著『「赤旗」は、言葉をどう練り上げているか』（2015年）でも取り上げたいくつかの言葉の変化を追ってみました。

■やおら

「ゆっくりと」を意味する「やおら」。2006年度の「調査」では「急に、いきなり」と回答する人が4割以上にのぼりましたが、17年度は3割とかなり減りました。世論調査の報道が影響しているのでしょう。

■やばい

もともと、「危ない」「不都合なことが予想されるなど望ましくない場合に使われていましたが、近年、「とてもすばらしい」など肯定的に使われるようになった「やばい」。広辞苑第7版では「①不都合である。危険である」に加えて「②のめり込みそうである」が追加され、「新しい広辞苑は、やばい。」の新聞広告もありました。

大辞林第4版では、「若者言葉では『格好良い』を意味する肯定的な文脈から、『困った』を意味する否定的文脈まで、広く感動詞的に用いられる」と書き込まれました。

２０１４年度の「調査」では、10代では9割以上が「とてもすばらしい」意味でも使っていて、30代まででで過半数でした。

■他人事

「他人事」の伝統的な読み方は「ひとごと」ですが、多くの辞書に「たにんごと」も載るようになってきました。

広辞苑第7版は「近年、俗に『他人事』の表記にひかれて『たにんごと』ともいう」、大辞林は「『ひとごと』を文字づらどおりに読んだ語で、本来は誤用」など、注釈を入れるようになってきました。

他人事から生まれたといわれる言葉に「自分ごと」というのがあります。『そろそろ「社会運動」の話をしよう』（田中優子・法政大学社会学部「社会を変えるための実践論」講座編、２０１４年、明石書店）の副題が「他人ゴトから自分ゴトへ」のように多く使われています。「赤旗」も２０１０年代になってから紙面に登場してきました。「我が事」の新しい言い方です。安倍政権は「我が事・丸ごと」地域共生社会をすすめていますが、国民のことはまさに他人事のようです。

■姑息《こそく》

姑息は本来「一時しのぎ」の意味ですが、2010年度の「調査」でも7割の人が「卑怯な」ととらえています。明鏡第2版は「卑怯の意に使うのは、本来は誤り」、新明解第7版は「より口頭語的な表現では『その場しのぎ』とも」などとし、広辞苑第7版も「俗に、卑怯なさま」と入りました。

■筆

署名の数え方で、「○○筆《ひつ》」という言い方が最近広がってきていますが、「赤旗」は原則「○○人分」などと書くようにしてきました。一般新聞はあまり署名運動の記事を書きませんが、2018年末にハワイ在住のロバート・カジワラさんが呼び掛けた辺野古請願署名は他にも取り上げられ、朝日新聞、毎日新聞、産経新聞、東京新聞などが「辺野古NO20万筆」などと報じました。

小型辞書には採用されたものもありますが、広辞苑第7版は「田畑・宅地などの区画」、大辞林では「助数詞的に用いて土地の一区画をいう」として署名を数える言葉とはしていません。

■なので

近年、若者を中心に、文頭に「なので」を使う言い方が増え、小型の国語辞書にも載り始めました。明鏡第2版では「近年の用法で、くずれた感じを伴う」と解説しています。広辞苑には「助動詞『だ』の連体形に助詞『ので』のついたもの。だから。であるので」、大辞林には「『それなので』の略。話し言葉で用いる」としています。改まった場や書き言葉ではまだ避けたほうがよいとされている言葉です。

さいごに

前著『「赤旗」は、言葉をどう練り上げているか』は2015年9月の発行で、安倍政権が憲法違反の戦争法＝安保法制を強行した月でした。日本共産党は「野党は共闘」の声にこたえて「国民連合政府」を呼びかけ、国政選挙での野党統一候補など共闘が本格的に始まり、いよいよ「野党連合政権」を求める時代にまで発展してきました。政治の世界では希望ある大激動が続いています。

数年の間でも、新語が生まれたり、それまで誤用だったものが、俗語として許容され、辞書にも載ったりするなど、言葉の世界でも変化があります。この変化をよく見ながら、わかりやすい表現の工夫が求められています。たとえば「ヘイトスピーチ」は、通信社の用語では「憎悪表現」と直訳しますが、「しんぶん赤旗」は、言論ではなく迫害だという意味で「差別扇動行為」と訳すことにしています。このように今後も読者・国民に伝わるように、正確でわかりやすい言葉を選んでいきたいと考えています。

2019年10月

しんぶん赤旗校閲部　河邑　哲也

索　引

それぞれ、語句を解説している節見出し部分のページを示しています。

河邑哲也（かわむら・てつや）
1960年生まれ。1985年しんぶん赤旗編集局入局。2000年から校閲部長を務める。著書に『「赤旗」は、言葉をどう練り上げているか』（2015年、新日本出版社）がある。

「赤旗《あかはた》」校閲部《こうえつぶ》は、真実《しんじつ》をどう伝《つた》えるか

2019年12月20日　初　版

著　者　河　邑　哲　也
発行者　田　所　　稔

郵便番号　151-0051　東京都渋谷区千駄ヶ谷4-25-6
発行所　株式会社　新日本出版社
電話　03（3423）8402（営業）
03（3423）9323（編集）
info@shinnihon-net.co.jp
www.shinnihon-net.co.jp
振替番号　00130-0-13681
印刷・製本　光陽メディア

落丁・乱丁がありましたらおとりかえいたします。

ISBN978-4-406-06398-2 C0081　Printed in Japan